アマゾンで私が学んだ新しいビジネスの作り方

太田理加

宝島社

はじめに

２０２０年初頭に始まった、新型コロナウイルスの感染拡大。そのインパクトは、現代に生きる私たちが経験したことがないほど大きく世界規模のものとなっています。健康面はもちろん、生活習慣や経済、そして人とのつながりや価値観までも大きく変化させています。この「ウィズ・コロナ」と称される時代は、今後２～３年ほど続くのではないか、と言われています。

では、ビジネスにおいて「コロナ・ショック」はどのようなインパクトを私たちに与えたのでしょうか？

もちろん、「想定外のショック」であった面はあります。

その一方で、**「いつか直面するとわかっていた、けれども対処を先延ばしにしていたショック」が想定よりも早くやってきた**――という面も多々あるのではないでしょうか。

この痛ましいコロナ・ショックを、私たちは「より良く前進するための機会」と捉えるべきです。

21世紀は「不確実性の時代」と言われてきました。このコロナ禍を乗り越えても、新しい変化に適応できないマインドセットや、フレキシビリティを欠いた組織体制であると、何かあった時に対応できないリスクがあります。今後も年を追うごとに不確実性は増していき、減ることは決してありません。**ですから、常に新しいビジネスを生み出せる体制を、企業そして個人それぞれが持てるようにしなければなりません。**

私はそう思います。

アマゾン ジャパンで新規ビジネス立ち上げの担当者として

私は、eコマースのプラットフォーム「Amazon.co.jp」を運営するアマゾン ジャパンで13年近く働いていました。新規ビジネスの立ち上げを中心に、アマゾンのビジョン「地球上で最もお客様を大切にする企業」と「地球上で最も豊富な品揃え」を実現するためにビジネスをドライブしてきました。

アマゾンが日本に〝上陸〟してからわずか3年ほどの2003年、当時はオンライン書店と認知されていた「Amazon.co.jp」を、いかに総合ストアとして発展させ、お客様の生活に役に立つようにするか――が、私がアマゾンで手掛けた最初の新規ビジネスの仕事でした。「どういう順番で新しいカテゴリーを立ち上げていくか?」「そのためには、どういったプロセスを踏むべきか?」を考え、ビジネスプランを数々作り、スポーツやヘルス&ビューティー、シューズ&バッグのカテゴリーを立ち上げました。

アマゾンでの最後の仕事は、アパレルストアの事業責任者です。アマゾンの他のカテゴリー同様、最高の顧客体験を提供し、信頼されるストアに育てるのが私のミッション。品揃えや試着し放題（返品無料）、アパレルの購買に最も大事な商品の見え方の改善や、プライムサービスで購入できる商品を増やすため、多くのブランドと新しい仕組みを入れました。

お客様の満足度や反響は、アマゾンにいると、日々手に取るように伝わってきます。「買い物が便利にできるようになった」というお客様の声に、「ああ、社会貢献できている」と実感する毎日でした。

そのような13年を過ごし、**「今度はアマゾンで学んだことを生かし、新しい小売・eコマースの形に挑戦しよう」と決意。**２０１５年にアマゾンを〝卒業〟（アマゾンの社員は、アマゾンに対する感謝の気持ちを込めて退社時によく〝卒業〟という表現を使います）しました。

そして、日本初の定額制ジュエリーレンタルサービス「スパークルボックス」を立ち上げ、現在まで運営しています。「女性の毎日が楽しくなるように」というビジョンのもと、顧客満足度を日々向上させながらサービスを提供しています。

約20年間eコマースと新規ビジネスに携わってきた自分の使命

自身の仕事のキャリアを振り返ると、私は約20年間、eコマースと新規ビジネスに携わってきたことになります。この20年のアマゾンを始めとするeコマースのビジネスの成長や、ＧＡＦＡを始めとするＩＴ企業の企業価値は非常に大きくなりました。日本では、「失われた30年」と言われている時代に、私は、幸いにも新規ビジネスを通じて、非常に大きな成長の場に身を置き、実際にプロジェクト推進者の一人としてさまざまな経験をしてきました。

そんな私が、今あらためて強く感じていることがあります。それは、**「現在ほど新規ビジネスが求められているときはないのではないか？」**ということです。これは企業の経営者や管理職、新規事業の責任者、新商品や新サービスの開発責任者など、「責任ある立場」にある人の共通認識だと思います。

だからこそ、今この時期に、私はアマゾンで学んだことをベースにした新規ビジネスの本を執筆したい、いや書かなくてはならないと思いました。

新規ビジネス＝イノベーション 「一石二鳥」がキーワード

では、新規ビジネスとはいったい何なのでしょうか？

正直なところ、漠然としていてよくわからない人も多いのではないでしょうか。

そんな一見わかりにくい「新規ビジネス」を理解するカギであり、本書の重要キーワードとなるのが**「Innovation（イノベーション）」**という言葉です。技術革新というイメージを思い浮かべ、「理系の話ですか？　私には関係ない分野ですね」などと勘違いされたら困るのですが、要は「問題解決」だと思ってほしいのです。

しかも、理想的には**「一石二鳥の問題解決」**を指しています。詳しくは第1章で解説していきますが、お客様も、取引先も、そして自分も満足するような、本質的かつ新しい問題解決――が新規ビジネスなのです。

決して難しく考え込まないでくださいね。それは考え方や行動のヒントをつかめば、今すぐ、誰もが、実現できるものなのです。

「イノベーティブな企業であり続けよう」と決意し、真似するだけ

近年、アマゾンは非常にイノベーティブな企業だと評価を受けるようになってきました。書籍などアマゾンの企業経営に関する情報が多くなってきたことで、だんだんと認知されてきたようです。とはいえ、私も多くの方からいまだに、

「アマゾンならではの難しい方法や特殊な仕組みがあるからでしょ？」

「アマゾンは資金も人材も豊富だからイノベーションを起こせるんでしょ？」

などと、あらぬ誤解を受けています。

創業以来、「イノベーション」はアマゾンの屋台骨と言われるほど重要なものだったのです。オンラインがメインの企業なので、今までなかなか実態が伝わらなかった部分があっただけのこと。**つまり、「イノベーティブな企業であろう」と決意して創業し、愚直に良いと思う仕組みを続けているだけ——特殊なことは何もありません。**

そのアマゾンの良いと思えるところを真似して取り入れればいいだけなのですから、どんな企業、どんな人でもイノベーティブになれるのです。

「新しいビジネス」を共に立ち上げる同志として

このコロナ禍の中の2020年3月、私は「aLLHANz」という会社をアマゾン ジャパン時代の同僚と立ち上げました。そして現在、さまざまな企業の新規ビジネスのサポートをしています。アマゾンで行われている「All Hands」ミーティングが社名の由来です。全社員が参加し、アマゾンのビジネスについて知り、考える、大事なミーティングで、情報共有や会社のミッションの再確認ができ、そして誰もが質問や発言できる素晴らしい機会です。このミーティングのように全社員の力を引き出して、新しいビジネスや企業価値を作っていくのをサポートするのが、私たちの役目です。

この本は、次の一手を考えたい経営者、新規ビジネス担当者やDX（デジタル・トランスフォーメーション）担当者、また起業してみたい、といった方々の背中を押せるような本になれば、と思って書きました。そして、**テクニックやビジネスのアイデアというよりも、考え方や本質に触れられるような内容**を心がけて書いています。

最近、「#ピンチをチャンスに」といったハッシュタグをつけたSNSの投稿をよく見かけます。素晴らしいマインドセットと行動ですよね。この本を読んだあと、ぜひ「ピンチをチャンスに」と思っていただき、新規ビジネス＝イノベーションを考えて実行していただければ幸いです。

行動するのがまず第一歩。行動すれば、何か必ず反応が返ってきます。

太田理加

アマゾンで私が学んだ新しいビジネスの作り方
CONTENTS

目次

Chapter 6 Start with Customers! 中小企業の新規ビジネスの作り方

装丁：渡邊民人（TYPEFACE）
本文デザイン・DTP・図版作成：株式会社センターメディア
執筆協力：株式会社ループスプロダクション、白岩由次
編集協力：高橋淳二（有限会社ジェット）
編集：田村真義（宝島社）

Chapter

1

Think Innovation!

新規ビジネスとはすなわち
イノベーションである

「一石一鳥」ではなく、「一石二鳥」を狙え

この第1章では「新規ビジネスとはすなわちイノベーションのことであり、イノベーションとは『一石二鳥』を狙える問題解決のことである」という解説をしていきます。なぜなら、「新規ビジネス」あるいは「イノベーション」などと聞くと「革新的なアイデアをもとに大規模に立ち上げるもの」「理系の人の管轄」などという想像をしてしまう人が多いからです。そうではありません。ポイントをおさえ、正しい思考・行動プロセスを踏むことで、誰もが新規ビジネスを立ち上げられるのだということをまずお伝えしたいのです。と同時に、「今までの延長線上で物事を考えても新規ビジネスは生まれにくい」ということもお伝えしたいです。既成の枠にとらわれて考えるアイデアは「一石一鳥」ですが、より自由で柔軟な発想で「一石二鳥」を狙いたいのです。そして「一石二鳥」のアイデアだからこそ、今後の主力事業となる可能性や、大きな利益を生む期待を抱けるのです。

本章では、私がアマゾン在籍時に経験した新規ビジネスの例をいくつか紹介していきます。アマゾンで学んだ考え方や実行のプロセスは、再現性があり、応用の利くものです。読者の皆さんが新規ビジネスを考える上での参考になれば幸いです。

新規ビジネス＝イノベーション！

↓

誰でも起こせる

アマゾンで起こしたイノベーション例

〈シンデレラプロジェクト〉

靴の細かいサイズ感を伝えるフィッティングプロに着目

1）オンラインで靴を購入する顧客のサイズ問題を解決
2）メディアに取り上げられ、アマゾンの認知度アップ

→ **一石二鳥！**

〈自社倉庫になくても「在庫あり」の表示を可能に〉

ファッションカテゴリーの在庫管理方法を変更

1）アパレルメーカーは、より売りやすくなった
2）お客様は、より買いやすくなった

→ **一石二鳥！**

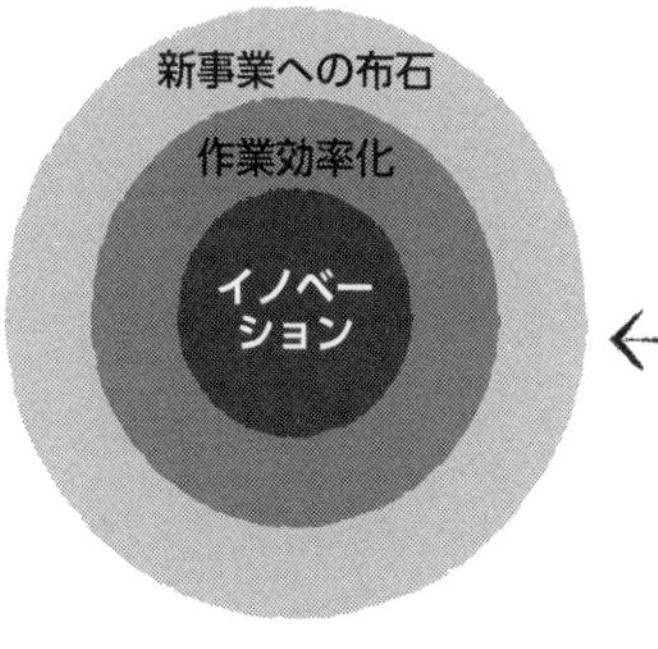

1つのイノベーションが、社内外に好影響を及ぼす

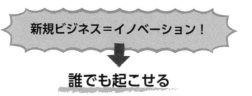

Amazon's innovations starting with customer

イノベーションとは「一石二鳥」を狙える問題解決のこと

イノベーションと聞くと、日本では技術と関連づけて考えられがちです。AI（人工知能）やIoT（モノとインターネット）、ビッグデータなど、いわゆる〝理系〟の人たちが生み出せる代物《しろもの》だけを指す言葉だと思う人も多いのではないでしょうか。

そして、スタートアップ企業やデジタル担当者だけのものだと思っていませんか？

また、「営業をやっているから」とか「ロジスティックをやっているから」と、イノベーションを自己とは無縁の存在と見なしている人も少なくないかもしれませんが、実はそうではありません。デジタル担当者やエンジニアなど特別な職種の人たちだけの話ではないのです。

イノベーションは、**「問題解決」**という言葉に置き換えられます。例えば、今、世の中の何が不便であるかに気づき、それを克服する方法を考え出すことは問題解決と言えます。また、その実現に障害が発生すれば、それも解決すべき問題になります。

重要なのは、**問題解決が特別な才能に依存するわけではない**ということです。理系の人や能力の高い限られた一部の人たちだけに許された技術ではありません。

問題解決への関心さえあれば、どんな業界に就いていてもイノベーションは起こせます。

そして、役職や立場を問わず、「誰もがイノベーティブであろう」とする組織・集団からはイノベーションが起きやすいものです。

実際、**アマゾンでは「イノベーションは誰にでも起こせる」という意識がすべての社員に徹底**されていました。会社の理念や行動原則でイノベーションの重要性をうたい、全社員への浸透を図っています（詳しくは後述します）。

そんなアマゾンで生まれた、まさに「イノベーション＝一石二鳥」の新規ビジネスの代表格が「ＡＷＳ（アマゾン・ウェブ・サービス）」というクラウドサービスです。

アマゾンは、実は、クリスマスなどピーク時以外には自社サーバーを持て余している状態でした。いわば、繁忙期は満室だけれども、閑散期はほとんどお客様がいないホテルのような状態だったわけです。「もったいないな……なんとか有効活用できないか？」と考えた結果、「他社に貸し出してしまえば良いのでは？」という結論に行き着いたのです。

このＡＷＳ、現在では別会社となっていますが、アマゾングループ全体の7割前後の利益を上げる、断トツの稼ぎ頭となっているのです。今やＣＩＡやＦＢＩも利用するほど安全性が信頼され、約30％という圧倒的な世界ＮＯ．1シェアを誇っています。

世界的な情報サービス企業である米クラリベイト・アナリティクス社が「世界で最も革新的な企業」というランキングを毎年発表し、このリストの上位にアマゾンの名前が常に挙がっています。けれども、「空いているのだから貸し出してしまえば良いのでは？」というＡＷＳのアイデアからもわかるように、**「イノベーション＝一石二鳥」の始まりは、とてもシンプルなもの**です。

素晴らしい新規ビジネスは誰でも思いつき、実現できる可能性があるのです。

Amazon's innovations- starting with customer

アマゾンで起こしたイノベーション例①「シンデレラプロジェクト」

私がアマゾン ジャパンに在籍していたとき、実際に一石二鳥の問題解決ができたと感じたことが何度かありました。その体験をいくつかご紹介したいと思います。

ひとつは、2008年ごろ、私がアマゾン ジャパンでシューズ・バッグのカテゴリーリーダー（事業責任者）というポジションに就いていたころに始めた「シンデレラ」というプロジェクトです。

通販サイトで靴を買うとき、**お客様が抱える障害の1つがサイズ選び**です。自分の足のサイズを把握していても購入した靴にフィットするかは商品が届くまでわからないとなると、購入するハードルが高くなりますよね。もちろん、サイズ交換や返品無料などのサービスを大きく打ち出し、試着をしやすい仕組みを作りましたが、お客様に生じる返品のための作業は大きな負担になりますし、それにかかるコストも無視できません。

この問題を解決する理想的な仕組みは、ファッション通販のZOZOTOWNが2019年から開始した、顧客が自宅で足のサイズを3D計測できるZOZOMATのようなものでした。実際、私たちもこれに似た仕組み（お客様の足のサイズを3Dで計測し、靴の中を測り、マッチングさせるサービス）は想像し、提供したいと思ったものの、当時はデータやテクノロジーが不足しており現実的ではありませんでした。

そこで考えたのが、**フィッティングのスペシャリストを用意して靴のサイズ感や履き心地のデータを収集する方法**です。このデータをお客様と共有することで、靴を購入するハードルを下げようと試みたのです。

シンデレラが起こしたイノベーション

フィッティングのスペシャリストには、日本のシューズメーカーがレディースシューズを製作するのに基本とする木型のサイズ、すなわち23・0㎝で、足幅やアーチも平均的な女性を選抜しました。そして彼女を、私たちは**「シンデレラ」とネーミング**したのです。

シンデレラには、毎日入荷してくる新しい女性靴の23㎝サイズに足を入れてもらい、「この靴は足幅が少しきつい」「この靴は少しサイズが大きい。踵《かかと》は細い」など、靴を履いたときの特徴を入力してもらいました。その結果、お客様が靴を選ぶときに参考となるデータを商品ページに記載できるようになり、売上を伸ばすことができました。

シンデレラを設置したことによるメリットは、他にもありました。「シンデレラ」というちょっとチャーミングなネーミングが記者さんたちにウケたのか、**記事やニュースなどに取り上げてもらい、結果としてアマゾンの革新的な取り組みと、商品の認知度が飛躍的に高まった**のです。シンデレラは、「アマゾンは顧客満足度を上げるためにここまでやっている企業だ」というイメージを多くの方に伝えるきっかけにもなりました。

模索していた答えを見つけた瞬間

「シンデレラ」というプロジェクトは、もしかしたら一般的なイノベーションのイメージとは異なるかもしれません。正直に言うと、私自身もこれがイノベーションだという感覚は、その当時はありませんでした。

このころの私には**「イノベーションとは何か?」が大きなテーマ**として常に心の中にあり、その意味を模索する日々が続いていたのです。ビジネスの場で、お客様に貢献できるアイデアは持っている。でも、そのアイデアを実現する技術は私にはないし、システムを作ってくれるのはあくまでエンジニア。そのような状態で、はたして自分自身は、イノベーションに貢献していると言えるのか。そもそもイノベーションとは何なのか――? そういった疑問と悩みをずっと持ち続けていました。

そんな2012年のある日、ジェフ・ベゾスCEOが来日した際、日本側のリーダーたちとベゾス氏が会って話をできる場が設けられ、運よく私もそこに同席できました。せっかくベゾス氏と話をする機会が得られるわけですから、手ぶらで行くわけにはいきません。

誰がどんな質問をするかを、あらかじめ担当部署に送っておくように言われていました。前述したように、私は当時、イノベーションについて貢献できている自信が持てていなかったので、その疑問を正面からCEOにぶつけてみようと思いました。

そして当日、「どうすればイノベーションができるのでしょうか？」と尋ねた私に、ベゾス氏はこう答えたのです。

「君はすでにイノベーションを起こしたじゃないか。この『シンデレラ』という企画は本当に素晴らしいイノベーションだ。**2つの問題を両方解決している。**シンデレラという仕組みがなかったら、お客様だって困るし、メディアにもこんなに取り上げられなかった。一気に認知度が広まったじゃないか」

つまり、意味とすれば一石二鳥ということです。「なるほど！」と思いました。「それなら私にもイノベーションを起こすことはできる。そして誰にでもできるはずだ」と。

私の中で、イノベーションに対する認識が根本的に変わった大きな出来事でした。

Amazon's innovations- starting with customer

アマゾンで起こしたイノベーション例②「ファッションの在庫管理の変更」

シンデレラプロジェクト以外にも、一石二鳥、すなわちイノベーションとなった例をいくつかご紹介していきましょう。

私がアマゾンで主に携わってきたのはファッション分野なのですが、そこで最も面倒で大変な業務の1つが在庫の確保・管理です。喩《たと》えるなら、八百屋さんのようなもの。**時間が経ちすぎると売り物になりません。**ファッションというのは季節も流行《はや》りもありますので、数カ月というスパンで商品は古くなってしまいます。したがって、在庫期間は1日もムダにできないわけです。**アマゾンに出店するメーカーにとっても、その在庫の割り振りが一番大事な問題**になるのです。

一方、**アマゾンとしては、倉庫に商品を入れてもらわない限りは「Ｐｒｉｍｅマー**

ク」がつけられません。ということは、お客様にアマゾンＰｒｉｍｅとして商品をお届けすることができないということになります。

直接の売り手がアマゾンの場合、すべての商品をアマゾンの倉庫に送ってもらいます。例えば家電であれば「(株)○○電機」といったメーカーの工場や倉庫から、アマゾンの倉庫へ商品を送ってもらいます。

一方、ファッションに関しては、そのやり方ではお客様が求めているような品揃えができませんし、十分な在庫の確保もできません。

したがって、私たちは特別な在庫の読み方をシステムとして開発し、**注文が入った服が必ずそのブランドの倉庫に確保されていて、リードタイムを確実に守ってきた実績がある会社には、アマゾンの倉庫に在庫を置かなくても、Ｐｒｉｍｅマークをつけられるようにした**のです。

これにより、メーカーは1日〜2日をムダにすることなく、売上の機会を逃さず販売ができることになります。

結果として、アマゾンは品揃えと在庫を手に入れることができ、お客様により多くのものを提供することができますし、お客様はお客様で、商品の発送がスムーズになることで商品を早く手に入れることができます。

お客様の買いたいというニーズと、メーカーの売りたいという課題を一気に解決するという意味でまさに一石二鳥、すなわちイノベーションになるわけです。

テクノロジーを使って生み出した成果

ご承知のとおり、アマゾンは2007年からアパレルや靴の分野に進出し、2014年からカテゴリーを「アマゾン Fashion」として品揃えを充実させてきました。

ファッションカテゴリーにおけるこの在庫管理の方法は、メーカーとの信頼関係があったからということもありますが、大きくは**エンジニアの技術で作りあげたシステム**ということが言えると思います。

どこに在庫があるのか、それぞれどれぐらいの在庫量なのか、何時間で発送できるのか、それらを正確に把握することができるテクノロジーのおかげです。

正直なところ、アマゾンはそれまでアパレル分野がそれほど強くなく、お客様が買いたいと思っても、在庫が十分にないという時期があったのも事実です。そうした「問題解決」のためにも、このシステムを導入したことは大きな成果につながったと考えています。

こういったイノベーションがひとたび起こると、その後新たなイノベーションを生む引き金となっていきます。良い連鎖、良い循環が起こっていくのです。

アマゾンでは、倉庫内での作業効率化、迅速化をはかるために生み出した技術がさらなる問題解決へ発展していきました。シアトルでオープンした無人レジなしコンビニの「Amazon GO（アマゾン・ゴー）」です。お店の入り口でスマホをかざし、商品を袋に入れてお店を出るだけで決済できる仕組みとなっています。これはアマゾンが倉庫内の作業効率化と迅速化をはかるために天井に無数に設置していたカメラ技術の応用で実現できたもので、レジに並ばないでよい、という顧客満足度を高める仕組みであるのはもちろんのこと、長期的には労働生産人口の減少という問題を解決するための糸口として注目されています。

Amazon's innovations- starting with customer

「誰とどう組むか?」によってイノベーションを実現する

「誰と組むか?　どう組むか?」によっても、私たちは素晴らしいイノベーションを起こすことができます。その実例について、2006年にヘルス&ビューティー部門を立ち上げたときのことをご紹介しましょう。

この当時、アマゾンの倉庫機能では「賞味期限の管理ができない」「液体の商品が運べない」といった課題がありました。もともと、アマゾンは書店というビジネスでスタートしていますので、賞味期限という概念がなく、**いわゆる「生もの」を管理するためのしっかりしたシステムが構築されていなかった**のです。

とはいえ、「賞味期限を管理できず、液体商品も売れないドラッグストア」では話になりません。そこで、問題を解決するための方法として選んだのが、健康食品や医薬品などの通信販売サイトを運営していた「ケンコーコム」（現在のRakuten Direct）とパートナーシップを結ぶことでした。2005年のことです。

ケンコーコムは、2000年にスタートしたオンラインドラッグストアでした。サプリメントや日用雑貨・化粧品まで、幅広い品揃えを自社の倉庫で管理販売していました。ケンコーコムと組むことは、**ドラッグストアをお客様の望むスピードと品揃えでスタートするのに最適**でした。またケンコーコムも**販路を2倍、3倍に増やしたいというアグレッシブなプラン**がありました。何より、オンラインでのドラッグストアを当たり前のものにしたいと共通の目標がありました。

ケンコーコムはアマゾンと提携することで、アマゾンのサイトで商品を販売できますし、アマゾンは物流・出荷業務をケンコーコムに委託するフルフィルメント契約を締結することで、ノウハウのあるケンコーコムの倉庫を「外部倉庫」として活用する一方、時間と、その間のビジネス上必要なデータやラーニングを得ることができたのです。

このパートナーシップは2013年、ケンコーコムが楽天との関係を強める中、経営判断で解消されることになりましたが、その間の成果が大きなものだったことは間違いありません。ご存じのように、まだまだeコマースのビジネス規模は、オフラインのビジネスより圧倒的に小さく、多くのプレーヤーが活躍する機会があります。また、オンラインのマーケットが大きくなるには、たくさんのプレーヤーが活躍することが必要なのです。

ベゾス氏はよく、

「自分が成功するために他社が失敗する必要はない」

「自分たちが勝つために他の会社が沈んでいく必要はない」

という言葉を口にします。これは言い換えれば、**「関係者も自分たちも利益を得ることができるパートナーシップは『一石三鳥』である」**ということを意味しています。

ちなみに、アマゾンではすべてのビジネスにおいて「お客様の満足」が大前提ですので、この考え方を突き詰めると必然的に、お客様、関係者（取引先や同業他社）、自社の「一石三鳥」が実現できることになります。

Chapter

2

Develop a Mechanism!

イノベーションを起こす
組織と仕組みの作り方

イノベーションが生まれるのには理由《わけ》がある

この第2章では「なぜアマゾンは新規ビジネス＝イノベーションを起こし続けることができるのか？」について解説していきます。イノベーションを恒常化するための理念や行動原則が明文化されており、それらを浸透させるイベントや仕組みがあり、そして日々の仕事を進める上でルール化された書式も存在しているからです。

詳しい内容については本章をお読みいただきたいのですが、理念に関しては「ＯＬＰ＝Our Leadership Principles」が、行動原則に関しては「Peculiar Ways」が存在しています。また、オフサイトミーティングやオンライントレーニング、そしてイノベーションサミットを活用して、それらの理念や行動原則を浸透させています。さらに、年度計画、中長期計画などの提案に関してプレスリリース形式を用いているのもアマゾン流と言えるでしょう。こういったプロセスを経て、アマゾンが世の中にリリースしたイノベーションについても本章で紹介しています。

また、イノベーティブな人の思考法の共通点を6つ挙げています。アマゾン社員の発想のしかたとも言い換えられると思います。あわせて参考にしてください。

理念と行動原則

ＯＬＰ＝Our Leadership Principles
Peculiar Ways

↓

仕組みやイベント

オフサイトミーティング
オンライントレーニング
イノベーションサミット

↓

実際の計画提案

プレスリリース形式で

↓

形となった イノベーション例

「込々○○万円」の中古車販売
アパレルの消化仕入れに合った仕組み
スタジオを作って写真撮影開始
アマゾン・バンドリング

イノベーティブな人の思考法

1）ありえない２つの言葉を掛け合わせる
2）少し先を見据える
3）他の業界のことを自社の業界に当てはめる
4）社会のいろいろな出来事に目を配っておく
5）大きなマーケットに着目をする
6）自分が夢中な分野の問題解決を考える

イノベーションを生むためのリーダーシップ理念「OLP」

アマゾンという企業の特異性を示すものの1つに「Our Leadership Principles（OLP）」という世界共通の行動規範があります。Principlesは「原則」という意味ですので、OLPを日本語にすると「リーダーシップ理念」あるいは「リーダーとしての原則」というようなことになるでしょう。これが14項目で示されています。

ここで言う「リーダー」とは管理職などに限定したものではなく、**「すべての社員がリーダーとしての意識を持つべし」**というのが主旨となります。アマゾンのサイトにも、「アマゾンでは、全員がリーダーであるという考え方のもとで、社員一人ひとりが、すべての日々の活動において、常にこの『Our Leadership Principles』に従って行動するよう心がけています」と書かれているので、ご覧になった方もいると思います。

要は、**一人ひとりがビジネスオーナーという意識を持ち、本社主導ではなく、グローバルなアイデア出しなどを個々で積極的に行おう**ということです。

もともとは、ジェフ・ベゾスCEOが2001年に提案した11項目の「リーダーシップ・バリュー」が原型で、2011年に3項目が新たに加わり、現在の形になりました。


OLPの意義については、おおむね次のような言葉で示されています（原文は英語）。

「新しいプロジェクトのアイデアを議論するときも、問題解決のためのベストなアプローチを決定するときも、私たちは毎日、OLPを活用する。それこそがアマゾンの独自性を支えているものの1つである」

「社訓」や「企業理念」は日本のどの会社にもあると思いますが、残念ながら有名無実化して〝お飾り〟のようになり、社員もほとんど意識していないというようなケースは少なくありません。けれども、アマゾンでは「OLPを実践したか？」は人事査定項目にもなっていて、すべての社員にとって非常に重要な理念なのです。

OLPの14カ条の1つが「Invent and Simplify」

OLPの14カ条の中に **「Invent and Simplify」** というものがあります。アマゾンジャパンのサイトには次のような注釈とともに記載されています。

Invent and Simplify

リーダーはチームにイノベーション（革新）とインベンション（創造）を求め、常にシンプルな方法を模索します。リーダーは状況の変化に注意を払い、あらゆるところから新しいアイディアを探しだします。それは、自分たちが生み出したものだけには限りません。私たちは新しいアイディアを実行する上で、長期間にわたり外部に誤解されうることも受け入れます。

「Invent」は直訳すると「発明」、「Simplify」は「簡素化」を意味します。すなわち、「リーダーはチームにイノベーション（革新）とインベンション（創造）を求め、同時に常にシンプルな方法を模索し、状況の変化に注意を払い、あらゆる場から新しいアイデアを探しだしましょう」というものです。先述したとおり、私自身が「イノベーションとは何か」を常に模索していたというのも、このOLPを念頭に置いていたからです。私はこのOLPを、常識にとらわれずに物事を進め、イノベーションを起こすための1つの方法論と理解しています。

アマゾンという会社には、革新的な何かを作り上げることを社員一人ひとりに常に求め、社員もそのことを自覚し、全員がオーナーになった意識を持ち、日々の仕事に取り組むというカルチャーが存在します。実際、イノベーションは1つのチームや特定の部門の人たちだけが担うべきものではありません。エンジニア、マーケッター、デザイナーなど、一人ひとりが考えて実現するものです。その意味でも、OLPの概念はアマゾンがイノベーションを生み出すうえで大きな力となっています。

アマゾンでは「Peculiar Ways」という行動原則に従って行動する

アマゾンには**「Amazon Peculiar Ways」**と呼ばれる行動原則が存在しています。「peculiar」は「奇妙な」という意味です。Peculiar Waysは、アマゾンで働く人にとって、**常識にとらわれずに物事を進めるための合言葉**となっています。

例えば、アマゾンで何か商品を買うと、次からは「あなたは以前、何月何日にこの商品を買いました」という文章が表示されます。そんなことをわざわざ伝えてしまうと、「その人はもう、その商品を買わなくなってしまうのではないか」と多くの人が考えるのではないでしょうか。人は往々にして、新しいもの、持っていないものを買いたいと思うからです。「買ったことがあるなら、もう不要だな」という具合です。

実際、本やゲームのような商品の場合、同じものを何度も買うことはありません。しかし、アマゾンの発想は逆なのです。あえて「以前に買った事実」を明示することによって、お客様にとって最適なショッピング判断をしてもらいたいのです。そして、これも実は一石二鳥で「お客様が最適なショッピング判断をする」ということは、アマゾンにとっても、長期的なお客様とのお付き合いはもちろんのこと、返品やカスタマーサービスへのコンタクトも減るのです。イノベーションは常にお客様からスタートすることが絶対条件で、事業に関わるすべての社員が常にお客様視点という意識を持っていなければなりません。また、経営者は、「お客様を大切に」や「お客様は神様です」といった言葉を掲げるだけでなく、何をどうしたらお客様を大切にしている状態が生まれるのかを、わかりやすく説明して社内に根づかせる必要があります。

なお、この行動原則は、**全社員が「Amazon Peculiar Ways Quiz」というオンラインクイズを受ける**ことで浸透を図っています。言語化するだけでなく現場レベルに落とし込む――この徹底ぶりが、おそらく日本の企業と異なるところです。

リーダーシップ理念と行動原則を浸透させるための仕組みやイベント

アマゾンでは、ＯＬＰや「Amazon Peculiar Ways」といった会社の理念や行動原則が社員の全員に浸透しています。全社員に浸透するような仕組みを設け、イベントを開催しているからです。次のようなものが代表的です。

オフィスから離れた場所で行う合宿

アマゾン ジャパンでは**「オフサイトミーティング」**をよく行っています。オフィスから離れた場所で、１つのテーマに対して議論するのです。年に数回程度、都心から離れた場所で１泊２日のミーティングを行い、最大のものでは３日間ホテルを貸し切り、世界各国の事業責任者50名ほどを集めて行うこともあります。

オフサイトミーティングの意義は大きく分けて2つあり、1つは会社の方向性や新テクノロジーなどの情報共有をして参加者の共通認識を作ること、そしてもう1つはネットワーク作りです。アマゾンにとってオフサイトミーティングは、多額の費用をかけて行うほど重要性が高いものなのです。

行動原則を浸透させるオンライントレーニング

先述のPeculiar Waysを学ぶために、クイズ形式のトレーニングがオンライン上で行われています。**「Amazon Peculiar Ways Quiz」**と呼ばれていて、アマゾンに入社した社員は、このオンライントレーニングを受けています。このオンライントレーニングで、常識にとらわれないアイデアの出し方などを学ぶわけです。ここで学ぶのは、お客様との接点となるフロントエンド寄りのことが多いです。
余談になりますが、アマゾンではクラウド人材を育てるためのオンライントレーニングを商品として提供しています。社内での活用だけでなく、利益をあげるためのビジネスになっているのが、アマゾンらしいとも言えます。

ビジネスプランを出し合うワークショップ

また、アマゾンでは年に一回、**「イノベーションサミット」**と呼ばれるワークショップが行われます。アメリカでは100人ほどの参加者全員がビジネスプランを出し合い、各アイデアに投票して10程度までに絞りこみ、さらにその中からどれが最も優れているかを選ぶという、コンテストのようなことを行うのです。ここで評価されたアイデアは、ビジネスの現場で実際に採用されます。

このようにアイデアを出し、形にしていく経験を積むことで、アマゾンの社員はイノベーションを生み出すための思考が習慣づけられるのです。

日本でイノベーションサミットを行う場合は、各チームのリーダーや事業責任者、そして日本法人の社長までが1つの部屋に集まり、2日間に渡り行われます。私もサミットに参加したことがあるのですが、そのときは、自分の担当するビジネスに関わるものではなく、まったく経験したことのない分野でのアイデアを発表しました。

普段の自分のビジネスについては、すでにそれなりのプロセスを持っているとの自負もあったので、まったく新しいことに挑戦する機会にしたかったのです。

ちなみに、そのとき私がいたチームが出したプランというのが、今で言うUber Eatsのようなものでした。

Amazon's innovations- starting with customer

イノベーティブなアイデアを生み出す思考の切り口

私は、アマゾンに入社してからさまざまな同僚と接してきました。そして彼らと共にアマゾンで「イノベーティブなアイデアを生み、実現させていくための思考・行動」を学んできました。この項では、そういった体験をもとに**「イノベーティブな人は、どのような切り口で物事を考えているか？」**を整理・分析し、解説してみたいと思います。

大きく6つ挙げられます。そして、この6つを毎日のビジネスの現場で意識し習慣化し活用することで、新しいアイデアは生まれやすくなると思います。

思考の切り口1／ありえない2つの言葉を掛け合わせる

前項の最後（45ページ）に「アマゾンのイノベーションサミットで私のチームが出したプランは、今で言う『Uber Eats』のようなものだった」と書きました。

このプランを考えるときには、まったく未体験のフードビジネスのプランを発表しようと先に決め、次に「ありえない2つの掛け合わせ」を考えました。アマゾンでは**「固定観念に縛られずに破壊的（Disruptive）に考える」**という教えがあるのですが、そのとき私たちは「フードビジネスと一番関係がなさそうな、掛け合わせが想像できない言葉って何だろう」と考えたのです。

そのとき、ふと「デジタル」というワードが浮かびました。デジタルとフードでデジタルフード。まったく関係性が想像できません。でも、「デジタルフード」というテーマで具体的に掘り下げていくと、きっと何か面白いビジネスができるはずだとも感じました。

しかし、ネットスーパーでは何も新しくないですし、レシピサイトなども既に存在していました。何よりどちらもプランとして面白みがありません。

一方その頃、ニューヨークでは、Googleマップとレストランのレビューの掛け合わせがあり、それは少し面白いのではないかと思いました。また、日本でも「出前館」

というサービスが始まっていました。そこで、Googleマップと、Googleのレストランのレビュー、そして出前館を掛け合わせたようなビジネスはできないかと考えました。その発想に肉づけしてアイデアを煮詰めていった結果、今のUber Eatsのような案にまとまりました。

思考の切り口2／少し先を見据える

新しいアイデアを生み出すには、少し先を見据えるというのも重要です。2014年か2015年のイノベーションサミットだったと思いますが、そのときの**最終選考で選ばれたのが、「アマゾンはオリンピックをどうサポートしていくか」というプラン**でした。社として五輪にどう関わっていくべきかというものです。

結局、発案したチームも退職者がいたり異動があったりと、プランも引き継がれることがなかったため、そのまま立ち消えになっていますが、少なくとも現在だけを考えるのではなく、5年ぐらいのスパンで先を見据え、これからどういうことをやっていけばいいか考えるのは重要なことだと思います。

また、「少し先を見据える」ということは、将来起こり得る危機を予測するという考えにもつながります。

例えば、流通業界で今最も大きな懸念となっているのが、いわゆる「ラストワンマイル」の問題です。

「ラストワンマイル」は、アマゾンなどで注文した顧客の商品が、自宅の最寄りの基地局から配達される最後の区間のことを意味しています。

都市の単身世帯などでは、留守中に配達されて受け取ることができないケースが多く、膨大な再配送コストがドライバー不足で悩む運送会社の経営を圧迫するなど、社会問題となっているのはご承知のとおりです。

しかし、**5年前にこの問題がここまで深刻なものになると予測した人は少なかったのではないでしょうか。**

つまり、「少し先を見据える力」というのは、この先のリスクを読み取るということにもつながります。近い未来を想像し、正しく恐れるということはイノベーションの世界でも重要であるということです。

思考の切り口3／他の業界のことを自社の業界に当てはめる

イノベーティブな発想を得る3つめのコツとしては、**今ビジネスを行っている業界とは別の業界のことを自社の業界に当てはめる**という方法があります。

例えば、IT業界にいる人が、航空業界の方法を当ててはめてみる、という形です。飛行機の座席はファーストクラス、ビジネスクラス、コーチクラス（エコノミー）がありますよね。乗客全員が同じ目的地へ行くことに変わりはないのですが、座席ごとに待遇が違い、それに伴って料金が大きく違うわけです。

アマゾンに在籍していたころに聞いた話では、アメリカでは「Amazon Prime」というロゴが書かれた飛行機の自社便を持とうというアイデアが出て、実行されたそうです。「プライム」のサービスは、飛行機で喩《たと》えるならばファーストクラスに匹敵するサービス。であれば、自社用飛行機を持とうとなったわけですね。

シンプルな話ではありますが、効果的な考え方と言えます。

思考の切り口4／社会のいろいろな出来事に目を配っておく

社会で起きていることに常に目を配っておくことも大切です。情報収集のアンテナを高くしておくイメージです。

今や多くの人に広く知られるようになった「Airbnb」という宿泊施設や民宿を貸し出す人向けのウェブサイトがありますよね。世界220を超える国・地域で700万以上の宿を提供しています。

このサイトがここまで大きくなる前、**たしか5〜6年くらい前だったと思いますが、ある社員が「Airbnbはこれからすごいことになる」と言った**ことがあり、その話題でかなり盛り上がったのです。

その日、ある事情で家に帰れなくなった社員がいたのですが、その流れから「そういえばアメリカにこんなサービスがある。日本にもこういうのが少しずつできて、今日のような日に、オフィスの近くで安く泊まることができれば便利だ」というような話になったのを覚えています。

マーケットプレイス型のビジネスが、アマゾンのビジネスモデルと比較的似ているので、それもあって彼の心に刺さったということもあるかもしれません。いずれにせよ、そういった新しいビジネスの話題に、アマゾン社員が敏感であることは確かだと思います。

思考の切り口5／大きなマーケットに着目をする

とりあえず規模の大きなマーケットに注目してみるというのも、イノベーティブなプランを考え出す際のヒントになります。

例えば保険業界です。日本人で保険に入っていない人はおそらくいないのではないかというくらい、保険はこの国で巨大なマーケットですので、そこに着目をするというのは1つのヒントになります。

もっとも、保険そのものはイノベーティブと言えないかもしれませんが、そうであるなら**アマゾンらしい保険ビジネスとの関わり方を突き詰めていく**わけです。

保険というのは誰もが加入するものですが、一方でどの保険が自分にとって良いのか、内容はどうなっているのか、それらを細かく調べるのは非常に面倒な作業です。いちいち書類に必要事項を書いたり、印鑑を何カ所も押したりする作業も煩雑です。

そこで、驚くほど簡単に入れる今までにない保険商品を、アマゾンで考案して展開するのはどうかというプランを考えた人も実際いました。

先ほど、私がフードビジネス関連のプランを考えたという話をしましたが、それもフードビジネスの市場規模が巨大であるというのが前提でした。そこにまったく関連性のない「デジタル」という要素を絡めてみたということです。

このように、**マーケットが大きく、一方でオンラインでの手続きが進んでいないような分野に着目する**というのも1つの方法だと思います。

思考の切り口6／自分が夢中な分野の問題解決を考える

自分が大好きなことを突き詰めるというやり方も、実は大きな可能性を秘めています。

好きなことを極めている人というのは、それをブラッシュアップして新規ビジネスに発展させることができるかもしれません。

例えば、ワインが大好きでたまらない人が、ワインのデータベースとシステムを構築し、それにより顧客の好みを分析して、適すると思われるワイン情報を自動的にオンラインでレコメンデーションするようなサービスです。現実には、日本のワイン市場がそれほど大きくありませんので、これを大きなビジネスに育てるのは難しいかもしれませんが、考え方としてはそういうことなのです。

実際、仕事以外にも好きなこと、夢中になってハマっていることがあり、そこでの「問題解決」を模索しているような人からは、豊かなアイデアが生まれる可能性が高いです。

先ほど、「思考の切り口4」として「社会で起きていることに常に目を配っておくことが大切」と述べましたが、広くアンテナを張って関心の幅を広げるという意味では、共通するものがあるかもしれません。

Amazon's innovations- starting with customer

「プレスリリース」を作り、顧客視点で

アマゾンでは、事業計画を毎年、中長期・年度計画といった形で立てていきます。このサイクルや形式は、日本の企業とほぼ同じだと思います、ただ異なるのは、**「それぞれの事業責任者が、必ず新しいビジネスの企画提案を行うこと」**。日本のみならず世界各地にあるアマゾンで一定以上の役職に就いている人間は、定期的に事業レベルのイノベーティブなアイデアを会社に提案する必要があるのです。

では、どのように作るのか?

アマゾンでは「プレスリリース形式」を用います。ある企画を思いついたら、「未来のお客様」に向けたプレスリリースを作るのです。

プレスリリースというのは本来、新商品や新サービスをスタートさせる際にマスコミなど社外に向けて発信するものですが、アマゾンでは「社内向け」にプレスリリース形式で書くわけです。

なぜか？　それは、どのようなカスタマーエクスペリエンス（顧客体験）を提供できる事業なのかを共有しやすいからです。お客様が実際どういう体験をするか、そして取引先などのステークホルダーに対してどんなインパクトを持つか、などがクリアになります。

アマゾンでは事業計画を立てる場合、まずは、

・プレスリリース
・サービスやプロダクトのモックアップ（体裁は自由、手書きでも構いません）
・3年間の売上と利益のファイナンス（財務）計画

を1セットで作成します。そして、お客様へのインパクトとビジネスの大きさなどを判断し、実際にこれをやろうと決めたら、年度計画に落とし込みます（プレスリリースを活用した事業計画の作り方については第4章「110ページから」でもより詳

しく解説します）。

「プレスリリース」に盛り込む9つの要素

プレスリリースはマスコミなど社外に作成する文書ですが、「仮にこのプランをリリースするとしたら……」と想像しながら、架空のリリースを作ってみます。プランが頭に浮かんだ時点で、まずはこれを作ってみると、新しい技術やサービスを、顧客側がどう受け止めるかをイメージすることができると思います。サービスを提供するプロダクト側からの視点だけでなく、**顧客を起点として考えるという「逆算思考」でアイデアを見直してみる**わけです。

実際、アマゾンには社内用プレスリリースのフォーマットまで作られていて、架空のリリースを作成する作業は、アマゾンの社員にとっては日常です。このテンプレートは、どんな企業でも使えるものです。ぜひ、今新規ビジネスを考えている方は活用してみてください（私もアマゾンに在職中は数多くのプレスリリースを書き、スパークルボックスを立ち上げる際にこれを使って、アイデアをブラッシュアップしました）。

プレスリリースはＡ４で１枚。多くても２枚。テンプレートは、**９つの項目**でできていて、まずは①**「大見出し」（Heading）**で、顧客が理解しやすい言葉で新規ビジネスに命名をします。次に②**「サブ見出し」（Subheading）**で誰がどんなベネフィットを得られるかを１行でまとめ、③**「要約」（Summary）**で新規ビジネスとベネフィットの内容を簡潔にまとめます。

④**「課題」（Problem）**でそのビジネスが解決すべき問題を、⑤**「ソリューション」（Solution）**でプロダクトがどうやって課題を解決するかを記述し、⑥**「提供者側の声」（Quote from You）**、⑦**「はじめ方」（How to Get Started）**、架空の⑧**「顧客の声」（Quote from Customers）**と続き、⑨**「クロージングと行動の呼びかけ」（Closing and Call to Action）**でまとめます。

実際に書いてみると、意外にインパクトが弱いことに気づいたり、課題が見えてきたりするものなのです。

例えば、アパレルであれば「アマゾンで多彩なブランドの何千、何万という商品がお買い物できるようになります」といったものや、メーカーに対して「販売する上での悩みが解決されました」など、仮想の「お客様の声」を反映したプレスリリースです。ＦＡＱ（質疑応答）も作成するなど、ビジネスで起こり得そうな問題を細かく想定します。

事業責任者がそれらを作った後に、アマゾン ジャパンの中で、大枠となるビジネスプランを大抵は５、６つほど（すべてのプランが素晴らしければすべて）選定し、シアトル本社にそれらのビジネスを進める旨を宣言します。当然、シアトル本社でも同じような案が出てくることもあります。「シアトル本社はこう言っている。日本でもこう言っている。加えて、イギリスもこう言っているから、こういうふうに進めていこう」といったプロセスで、新規ビジネスの実現に向けて動き出していくのです。

アマゾン ジャパン発のローンチしたサービス

リーダーシップ理念や行動原則、実際の仕組みやイベント、そして現場でのビジネス提案のしかた……さまざまなことを駆使して、アマゾンでは「イノベーションが生まれる環境」を維持してきました。その結果、多くの新規ビジネスが生まれました。アマゾン ジャパンで誕生したイノベーション例を、ここではいくつか紹介します。

提案から生まれた「込々〇〇万円」の中古車販売

アマゾン ジャパンがローンチした新規ビジネスの中で、ベゾスCEOが「すごくイノベーティブだね」と褒めてくれたものの1つが、2014年にスタートした中古車ネット販売でした。

中古車販売のネクステージ（本社・名古屋）が、アマゾンのサイトに出店する形で車を販売するのですが、**ポイントは価格を33万、44万、55万円の3つに固定し、ワンプライスのようにわかりやすくした点です。**実店舗と比べて人件費など販売コストが圧縮できるため、価格も低く抑えています。車体価格は総額表示で、登録諸費用や納車整備料、重量税、消費税、自賠責保険料も含まれていて、購入してからの金銭のやり取りは一切ありません。煩雑な計算も不要。カード決済も可能です。とにかくシンプルにしました。

実物を見なくても安心してネットで購入できるよう、タイヤやバッテリーなどの消耗品は新品に交換済み。最短2週間で納車となり、送料は関東や関西、中部の地域は無料です。納車後1週間以内なら返品も可能です（送料は購入者負担）。

中古車を販売するサイト自体はすでにありましたが、車体価格に諸費用が含まれていないなど、価格表示が異なるケースが多く、選びにくいという声が少なくありませんでした。また、ユーザーもネットで車を物色しながらも、店舗を訪れて実物を見てから購入するのが一般的でした。アマゾンのように、ネットだけでここまで手軽に購入できるサービスの開発は、画期的だったといって良いと思います。

世界14カ国で展開しているアマゾンの中で、**最初に車の販売サービスを始めたのは日本**です。ちなみに、**アマゾンギフト券をコンビニで買えるようにしたのも日本が初**でした。

「アパレルの消化仕入れ」という形態に合った仕組み

一般的な小売ビジネスの仕入れの取引形態として、商品を仕入れて販売する際には、いったんは買い取りが行われ、お金のやり取りが起こります。ところが、アパレル業界では「消化仕入れ」という取引形態が一般的で、売れた分だけを店側がメーカーから仕入れるという、在庫リスクを取らない方式が採用されています。言うならば、富山の薬売りの置き薬のように、売れた分だけのお金を支払うような形です。

そのような日本の商習慣は、アメリカには存在せず、ヨーロッパでもマイナーです。したがってアマゾンには消化仕入れの仕組みはありませんでした。そこで、アパレルを取り扱う際に、日本のアパレルメーカーの「消化取引」を踏まえて、お互いが納得して取引する方法を検討した結果、26ページで述べたようにアパレルメーカーの倉庫の在庫状況をアマゾンが把握し、**自社倉庫には在庫を持たずとも、必ずプライムで送料無料・お約束の納期でお届けできる**（ここがポイントです。お約束の納期をミスすることは、絶対にあってはならないことなので）ようになりました。そして、アマゾンは「Prime」マークを打つことができた（＝プライム化できた）と同時に、取り扱えるようになったブランドや商品・在庫の量も非常に多くなりました。

では、なぜプライム化することが大事なのか？　プライムはアマゾンが提供する一番大事な会員制サービスだからです。無料で速い配送ができるだけでなく、ミュージックやビデオなどのデジタルコンテンツも楽しめます。つまり、**「プライム化することでお客様の満足度を劇的に高めることができ、より良いサービスを提供できる」ということがアマゾンはわかっている**ので、「お客様の満足度を高めるために、どのカテゴリーもプライム化したい」と願い、なんとか実現しようとしているのです。

実際、プライム化することでサービスの幅は大きく拡充していきます。アパレルストアでは、有料プライム会員の特典として「プライムワードローブ」という無料の試着サービスを2018年から開始しています。お客様は対象商品から1回に3〜8点を取り寄せ、自宅で試着してみて、気に入った商品だけを購入できるというサービスです。買わない商品は専用の箱に入れて、1週間以内に送り返せばOK。着払い伝票が梱包《こんぽう》されているので送料は無料です。

アマゾンFashionでは、それまでも30日以内なら無料で返品できるサービスを展開していましたが、いったんは購入してから返品の際にお金が返ってくるという流れでした。これを、**そもそもお金を払う必要をなくし、試着や購入への心理的なハードルを大きく下げた**という点で、このサービスも非常にイノベーティブなものだと言って良いと思います。

写真スタジオを作り、ショッピング体験向上！

2018年、東京の品川シーサイドに、4階建てで総面積7500㎡の「アマゾンFashion　東京　撮影スタジオ」をオープンしたことも大きな取り組みでした。

アマゾンはアメリカ・ニューヨーク、イギリス・ロンドン、インド・デリーにもスタジオを保有していますが、世界で4番目となる東京のスタジオは、その中でも最大規模となります。

アマゾンFashionでは、数千規模のファッションブランドを取り扱っていますが、写真はメーカーなどから提供された画像をそのまま使用するのが一般的で、他の通販サイトと比べて画像が見劣りするなどの課題が指摘されていました。新スタジオは11のスチール撮影エリア、5つの動画撮影エリア、2つのエディトリアルスタジオ、ヘア&メイクエリア、ライブラリーなどを備え、ここで年間100万点規模の商品画像や動画が制作されています。360度の角度から商品を観られる高精度の画像や、モデルが服を着用している動画などにより、**サイズやカラー、素材などのイメージをユーザーがつかみやすくなり、より購買しやすい環境が整備された**わけです。

ちなみに、ファッションをスタートする前のアマゾンでは、商品画像は撮影するのではなく、取引先から提供してもらうことが推奨されていました。画像を提供してもらえば、まずコストがかからないというメリットがあります。加えて、かつてのアマゾンで扱っていた商品は、見た目がその商品を購入するか否かを大きく左右するものではありませんでした。書籍は中身の内容が注目されますし、家電は容量や速度などスペックや価格が重視されます。少々乱暴にいうと、要はパッケージがそれほど大事な商品ではありませんでした。

しかし、シューズやアパレルを始めとしたファッション商材は、**いかに商品の写真をきれいに撮れるかが販売のカギ**になります。「見た目」で買うのが大きい商品ですし、詳細も気になります。加えて色違いの商品はアングルが統一されていたほうが選びやすい。そのため、写真にはこだわる必要がありました。写真スタジオを作ってアマゾンで撮影し、画像のクオリティーと売上転換率などを常にチェックすることによって、実際、画像が売上に貢献する、ということがわかりました。

画期的な販売方法で在庫問題を解決～バンドリング～

ヘルス＆ビューティーを担当していたときに実感したことですが、トイレタリー（日用雑貨）は利益を出しづらい商品です。単価に対して、送料の負担が重くのしかかります。であれば、まとめて販売するという方法も考えられますが、日本の住宅事情を考えると、例えばシャンプーを1ケース（12個）単位で販売するのは非現実的です。シャンプーを1つ300円で販売すると赤字になってしまうのですが、メーカーから届く12個入りのパッケージのまま売っても、お客様のニーズに応えているとはいえません。そこで私は、**お客様が買える範囲、かつ買うメリットがある量で、加えて赤字が出ない量を設定することを提案**しました。

社内では、その方法をバーチャルバンドリングと呼んでいました。「バンドリング」は、「いくつかまとめる」という意味ですが、この物理的にまとめる作業を行うと、倉庫内の作業負担がかなり増えます。メーカーも、その当時アマゾンはまだ今ほどの規模ではありませんでしたから、3個単位で入荷してくださいといっても、取引先は対応してはくれません。

そこで、疑似的にものをまとめるわけです。**ものはケース1箱や1個ずつ入荷されるのですが、サイト上では「3個単位で販売します」といった具合**です。アマゾンでシャンプーを検索するとわかりますが、シャンプーを1個から販売しているものは、いずれも1000円を超す価格帯のものばかりです。他は、複数で販売するか、シャンプーとトリートメントのセットで販売するような形をとっています。

1ケースでも1個でもなく、お客様が買いやすい量で、かつアマゾンも利益が出やすい形を、バーチャルでバンドリングして売るというやり方。これは**バックヤードでの計算の仕方がカギ**となります。バックヤードで作業する人への表の見せ方、ピックの仕方、配送指示の自動化などを総合したうえでの販売方法です。「3個まとめて売る」という一見シンプルなアイデアの割に、手間がかかる方法と言えるでしょう。

お客様は「『3個セット』のようなもの」を買うのです。しかし、実際に「3個セット」という商品は存在しない。舞台裏で「3個セット」が作られます。お客様は3個セットを買ったと認識しているわけで、その表と裏のつなぎ込みというのが、このサービスの肝《きも》なのです。そして現在、この仕組みはありません。なぜなら、「アマゾンパントリー」という、低単価の商品を、お客様がご自身で自由に組み合わせることのできる、より良い仕組みができたからです。一度その仕組みを作れば、それで良い、というわけではありません。ビジネスでは一石二鳥の改善が常に求められるのです。

Chapter

3

Produce Great Ideas!

新規ビジネスの
アイデアを生み出すには？

新規ビジネスを考える際に陥りがちな「HOW」の罠《わな》

この第3章では「新規ビジネスが自社のビジネスに合っているか?」という項目から解説します。よく陥りがちな誤った方法として、「AI」(人工知能)や「IoT」(モノとインターネット)といったトレンドワードに踊らされて「HOW」から考え始めてしまう――があります。大事なのは、「誰にも真似のできない商品やサービス」を生み、利益を出すことです。この本質を忘れないようにしましょう。

「真似のできない商品やサービス」と聞くと、私たちはつい斬新なアイデアやビジネスモデル、最先端の技術などを求めがちですが、「細部のこだわり」の掛け合わせが、結果として「誰にも真似のできない商品やサービス」を生むのです。アマゾンがその好例です。「ネットショッピングができるサイト」というアイデア自体に新規性があったわけではありません。「お客様が商品を注文してから箱を開けるまで」のすべての体験を最高のものにしようと改善し続けることで、唯一無二の企業となったのです。

そして、「誰にも真似のできない商品やサービス」を生み出すためには、まず「お客様があなたに何を期待しているのか?」を客観的に分析することが重要です。

「自社のビジョンに合っているか?」

から考えよう

↓

注意 **「HOW」(手段)から新規ビジネスを考え始めない!**

〈悪い例〉
「AIが流行っているから、ウチもAIを使って何かできないか?」

↓

「誰にも真似のできない商品やサービス」を生み出すことが大事!

「誰にも真似のできない商品やサービス」はどうやって生み出す?

× **非現実的**……斬新なアイデアやビジネスモデル、最先端の技術(もちろんそれらがあればいいけれど)

○ **現実的**………「細部のこだわり」を掛け合わせていく

「誰にも真似のできない商品やサービス」を生み出すために何から始める?

「お客様があなたに何を期待しているのか?」を客観的に分析しよう!
その期待値を掘り下げたり、広げてみることで新規ビジネスの種が見つかる

Amazon's innovations- starting with customer

「自社のビジョンに合っているか?」からまずは考え始めよう

アマゾンでは新規ビジネスを始める際、「自社のビジョンに合っているのか?」という点を最優先で考えます。言い換えれば、**必ずビジョンを軸にして考える**ということです。

アマゾンのビジョンは、

「カスタマー・エクスペリエンス(顧客体験)」

「セレクション(品揃え)」

この2つなので、新しいプランを練るときには、現時点でお客様のニーズに応えられていない点をカバーするもの、品揃えを十分に確保できるサービスを考えます。

また、アマゾン本社では創業の頃、会議のときには必ず1つ空席を設けていました。架空のお客様（エア・カスタマー）に座っていただくための席です。

これは、**「今行っている会議の内容に、お客様は喜んでお金を払ってくださるだろうか？」ということを意識させるための仕組み**です。

すると、例えばその会議が単なる数字の報告だけであったときに、そこに座っているお客様は「この内容ならメールで十分」、「この会議で生じた人件費を商品に上乗せされるのは嫌だ」と思うかもしれないということに気づきます。このように、目に見えて意識できるようになることで、部署間の利害関係を調整するための会議や、決裁できる人間が不在で、結局何も決まらなかった会議などの不毛な時間を使わなくて済みます。

自社のビジョンを誰にでも理解できるように明確化し、ここまで徹底することは、自社の「強さ」となっていきます。

ビジョンというのは、どの会社にもあるはずです。仮に会社案内などに掲げられていないにしても、「こういう会社にしたい」、「こういう目的を持って事業を進めていきたい」といったことがまったくない会社など存在しません。経営陣であれば、まずビジョンを明確にすることが必要ですし、従業員がしっかりと解釈し、理解できるようにしておくべきです。

新規ビジネスの立ち上げ方――つまり、ビジネスの広げ方というのは、そのビジョンに合った広げ方でいいと思うのです。会社の示すビジョンが、逆にそこで働く人たちの考え方の「枷《かせ》」になってしまっていることがあるかもしれませんが、考え方を狭めることはないでしょう。

ビジョンから離れたビジネスには誰もついていけない

実際、ビジョンにあてはまらない新規ビジネスを立ち上げようとしても、お客様はもとより、〝身内〟であるはずの社員がなかなかついてきてくれません。

例えば、「手づくりの良さを知ってほしい」というビジョンを持った手芸用品メーカーが、いきなり「子どもの入学式に参加する女性が顧客に多いから、その人たちが入学式で身に着けるためのジュエリーを販売します」と考えても、「手づくり」というビジョンと合致せず、従来のお客様がこの会社からジュエリーを買おうとはしないでしょう。それならば注目すべきは「入学式」というキーワード。「入学式に出席する保護者に向けてコサージュやブローチの手づくりキット、手づくりのお料理を入れるお弁当箱を販売するのはどうか？」と考えるのは、ビジョンに沿った新規ビジネスのアイデアと言えます。

ビジョンから遠すぎるものは絶対に避け、ビジョンから派生できるものに取り組まないと、社員もお客様も混乱してしまうのです。

テクノロジーはあくまで課題解決のための手段

また、日本の企業でたびたび聞かれる、

「ＡＩでやれることはないか？」

「ＩｏＴは将来的に有望なので導入しよう」

といった、**テクノロジー（＝ＨＯＷ）からスタートする発想は非常に危険**です。

現時点で実際に行っている業務やビジネスからかけ離れたテクノロジーを導入しようとすると必ず失敗します。テクノロジーは、あくまでもアイデアを実現させるための手段です。**「お客様のニーズ、お客様の期待、自分たちがお客様に提供できるモノやコトがまずあって、そのために必要であればテクノロジーを導入する」**という考え方が必要なのです。

アマゾンでは、「ドローン配達」が行われています。2019年6月にサービスの概要が発表され、アメリカで同年10月から開始しています。一見すると、最新テクノロジーを最先端企業がいち早く導入し、商業化したような構図に見えますが、その見方は正しくありません。

アマゾンでは、以前から配達員不足が起こるであろうと懸念されていました。そうした状況で**「いかにお客様へ商品を約束の期日までに届けることができるか」を考えていたところに、ドローンで配達するというアイデアが出てきた**のです。

つまり、ドローンをいかに使うか、ではなく、お客様のことを考えた結果、ドローンという「HOW」にたどり着いたわけです。

AIがあるからビジネスに取り入れよう、IoTがあるから導入してみよう、と考えるのではなく、「こういう課題がある」と考えた先に、「その課題を解決するためにこのテクノロジーが使える」という結論があるべきです。

あるサービスにおいてテクノロジーが十分に機能しない不完全な状態のまま使ってしまい、お客様に迷惑をかけるということもあります。

ファッション通販サイトのZOZOTOWNが販売したZOZOSUITはその1つの例と言えますが、あるテクノロジーが開発されたからといって、その技術の成熟具合など考慮せずにただスピードだけを求めて導入すると、結果として自社に対する評価を下げてしまうことになります。

新たなテクノロジーを採用する際は、サービスにおいてどのように機能するのか、しっかりと見極める必要があるのです。

Amazon's innovations- starting with customer

「顧客の想像を超えたサービス」を提供するためには?

「顧客の想像を超えたサービス」が提供できたら成功は間違いありません。口で言うのは簡単ですが、そんなサービスを思いつき、実行するのは難しいと考える人は多いでしょう。では、どうやったら、顧客の想像を超えられるのか? アマゾンでは、前述のとおり、社内向けプレスリリースを活用して、そのアイデアを検討していきます。

Amazonフレッシュや Amazonパントリーといったサービスも、そのサービスが現実になったらお客様の暮らしはどのように変わり、便利になるのかを想像しながらプレスリリースが作成されました。「想像を超える」というと、突拍子もないことを思い浮かべがちですが、**実はお客様がびっくりするようなものではなく、お客様が一見**

して「これは便利だね」と思えるような、そしてそのサービスを喜んで利用できるようなもので良いのです。「今までありそうでなかったもの」と言い換えても良いかもしれません。

朝の歯磨きの際に「あ、歯磨き粉が少なくなっている」と気づき、すぐにスマートフォンで、歯磨き粉を1つネットで注文し、翌日には届く――という生活様式は10年前には考えられなかったと思います。でも、今はすっかり定着していますよね。そんな日常でふと感じる「あったら良いな」がアイデアのヒントになるのです。

細部にこだわり「誰にも真似できないサービス」を作る

そして、プレスリリースを作成したら、細部を詰めていきます。そのサービスがお客様にとってどのように役に立つのかを考え、**お客様に関わる小さなことにすべてこだわり、小さな1つひとつをしっかりと改善していく**ことがとても重要です。

例えば、「ひとり暮らしの女子大学生向けのネットスーパーを作ろう」とか、「商品を他社より速く配送ができるサービスを作ろう」というアイデアを考え、それを実践することは自体は決して不可能ではありません。サイト上で女子大学生が生活していく上で必要となる商品、女子大学生に人気のある商品を並べて、購入・決済のボタンを設置すれば「ひとり暮らしの女子大学生向けのネットスーパー」が簡単にでき上がります。

しかし一方で、そのサービスのカスタマー・エクスペリエンス（顧客体験）の中で、1つひとつの小さなこと――購入までのプロセスで行う操作上の細かなこと、画面上での商品の配置やサイト全体のデザインから購入時のボタンのデザイン、プルダウンメニューのフォントなど、そうした細部まで含めた使い勝手をとても良くするといったことの集合体は、誰もが真似できることではありません。**アイデアに差をつけ、「誰にも真似できないサービス」を打ち出すことに必要なのは、1つひとつの小さなことの積み重ねにあるのです。**その微差が長期的に少しずつ積み上がり、大きな差となって現れます。

また、**常にお客様の反応を数字で見ながら変えていく必要もあります。**ある時期に最適であったことも、生活習慣の変化やテクノロジーの進化で最適の中身が変わってくるからです。

Amazon's innovations- starting with customer

アマゾンのサイト特有のユニーク・ディティール・ページ

アマゾンと他社の通販サイトを見比べてみると、前項で述べてきた「誰にも真似できないサービスは、小さなことの積み重ねであり、常にお客様の反応を数字で見ながら変えていく必要がある」ということを実感してもらえるのではないでしょうか。

1つひとつの機能は他社のサイトと似ているかもしれませんし、モールの構造は似ているかもしれません。しかし、全体のエグゼキューション（サイトでお客様が関わるすべてのプロセス、ショッピングで経験するプロセス、全体的な管理から個別のアクションまでの流れ……といったもの）に差があるため、**「ショッピングのしやすさ」に大きな差がつき、その結果販売金額にも大きな差が生じている**のです。

その積み重ねが生んだ集大成が、アマゾン用語でいう「ユニーク・ディティール・ページ」です。アマゾンのサイトを見ると、1つの商品に対して1つのページで構成されていますよね。**1つの商品に関する情報は、この1ページにすべて集約されているわけです。**

普段、アマゾンのみを利用している人には当然のように思われるかもしれませんが、他のオンラインショッピングサイトでは、同じ商品でも販売者が違えば、別のページで表示されることが多いです。

例えば、『○○の仕組み』という本が販売されていて、その本の関連商品が1つあるとします。あるオンラインショッピングサイトでは、その『○○の仕組み』を複数の販売者（出店者）が別々の商品として出品している、つまり別々のページで販売しています。

一方、アマゾンのサイトは異なります。例えば、Aという家電があれば、アマゾンが出品している場合もあるし、アマゾン以外の会社が出品している場合もあります。そうであっても、そのAという商品のページは1つしかありません。あくまで**「1商**

品1ページ」なのです。

ユニーク・ディティール・ページの生み出す効果

Aという商品のカスタマー・レビューは、その1ページに集約されています。もう少し詳しく説明すると、Aという商品を売っている複数の販売者の中から、1つの販売者のみがショッピングカートのついたページに掲載されます。その他の販売者は、「こちらからもご購入いただけます」の欄をクリックすることで表示される1階層下のページに掲載されます。

お客様は1つのページだけを見て、その商品を購入するか・しないか、どの販売者から購入するかを決められるのです。

このショッピングカートのついたページに掲載される販売者は、本体価格、配送料、配達に必要な日数などの条件をアマゾン独自のアルゴリズムで解析して、決定されます。つまり、お客様に最も有利だろうとされる販売者が表示されるようになっているのです。基本的にはプライムの中でも最安値をつけている販売者がその商品のショッピングカートをとることができますが、プライム以外でも、もっと安い販売者を探したい場合は選べますし、中古品でもよい場合は中古販売を行っている販売者を選ぶこともできます。その商品を買うと決めたら、次にその1つのページだけを見て販売者を選ぶことができるのです。

多くの人が購入しようと決めたらそのまま「カートに入れる」を選択するので、ショッピングカートをとれるか否かが売上に大きく関わってきます。そのため販売者の間で価格を下げたり、配達期間を短くしたりといった競争原理が働きます。自然と、お客様にとって便利な、1つの素晴らしい商品ページが作られていくのです。

お客様を最優先に考えたからこそ生まれたシステム

他のオンラインショッピングサイトでも同様の仕組みを導入しようとしているという話を聞きますが、そうした競争を避けたい販売者からの協力が得られなかったり、データが蓄積していなかったりと、なかなか難しいようです。

そうなると、例えば広告料を支払っている販売者が一番上に表示され、他の安価な値段をつけている販売者、配達期間が短い販売者などを探して回らなければなりません。**必ずしもお客様にとって一番いいサービスを提供している販売者から買われるわけではなくなるのです。**お客様にとって、とても不便ですね。

そうした差が、売上の差につながっていくのでしょう。


ただし、ユニーク・ディティール・ページも簡単に導入できたわけではありません。ベゾスＣＥＯの「新品の販売のみならず、企業や個人が中古品をそれぞれ値づけして販売できる機能を持たせたほうが、お客様にとって便利だ」という考えのもとで誕生したのですが、はじめはメーカーの理解を得るのがとても困難でした。新品と中古を一緒に並べるとは何事か、と。取引自体にも影響が出そうな既存のメーカーや、またこのページのため、取引開始がなかなかできない取引先もありました。もしかしたら、このページでなかったら、より早く販売者を集めることができたかもしれません。それでも、このページはお客様にとってベストなので、アマゾンがやめることはありません。**たとえ、短期的な利益を犠牲にしても、お客様にベストなものは絶対にあきらめない。**そして、最終的にはお客様にとってベストなものが、売れるサービスとなり、ステークホルダー（すべての利害関係者）も納得できるのです。

Amazon's innovations- starting with customer

ブランディングに沿ったビジネスになっているか？

会社のビジョンを大切にするということは、すなわち**自社のブランディングに沿ったビジネスにできるのか**ということです。

74ページで手芸用品メーカーを例にして述べましたが、「女性のお客様が多いから、ジュエリーを売りましょう」と考えるのは、自社のブランディングに沿っているとは言い難いでしょう。会社のビジョンが「手づくりの楽しさを」というのであれば、その「手づくり」、もしくは大切な誰かが手づくりしたものを使う「家族」「友人」などを広げていくべきです。

よく、ブランドという言葉が使われますが、ブランドとは何でしょうか？　ブランドとは美しいロゴマークなどを指すものではありません。ですから**「すべてのタッチポイント（顧客との接点）」がブランド**となります。**「お客様が〝体験〟を通して感じたことすべて（顧客との接点）」が重要**となります。

「お客様が〝体験〟を通して感じたことすべて」がブランドとなり、「すべてのタッチポイント（顧客との接点）」が重要――これを「本を買う」を例に考えてみます。

まず、書名をGoogleなどの検索エンジンに入力して探します。そして、その本を発刊している出版社のサイトなり、書評を書いている個人のブログなり、もしくはアマゾンの広告なりが表示されます。そこが、ほとんどのお客様がアマゾンと触れる最初の体験となります。

そこからアマゾンのサイトを訪れて、本の内容などを確認して購入ボタンを押し、ヤマト運輸や日本郵便などの物流会社が配送して、箱を受け取って、箱を開けて読む――ここまでが「アマゾンの体験」なのです。

アマゾンのサイト上だけではなく、「箱を受け取る」「箱を開ける」などアマゾンのサービスに関わるすべてのタッチポイントが、アマゾンのカスタマー・エクスペリエンスです。人によっては、「カスタマーレビューを書く」、場合によっては「カスタマーサービスに連絡して、返品・返金する」なども含まれるかもしれません。これらすべてが「アマゾンのブランド」を決める要因となるのです。

最良のエクスペリエンス（経験・体験）は、会社や事業によって異なります。アマゾンは「利便性」を提供するのが使命ですが、ある会社では「感動」、ある会社では「充実感」などで捉えている場合もあります。ラグジュアリーファッションであれば、お客様が自らを王さまや女王さまのように感じられるか、ということもあります。

どういった経験・体験を与えられるのか、が商品、サービスの価値です。ひいては、その事業の価値とつながってきます。そこから派生する、すべての経験が、ビジョンとミッション（使命）と合致していると、お客様にとってそのブランド体験が良いものとなり、自分にとって良いブランドだ、と、ご支持いただけるようになるのです。

業界、人口、テクノロジー……引きで見ているか?

当然のことながら、問題がまったくないビジネスなど、この世の中にありません。その「問題」を大きな視野を持って考えていけばよいのですが、一方で大きく考えすぎると解決していくのが難しくなってしまうのです。

例えば、5Gが今後さらに普及していけば、eコマースで求められることもどんどん変わっていきます。ですので、「5G普及後のeコマースを作ろう」というのは、とても正しい考え方だと思います。しかし、求められる技術もより高度になりますし、やれることも多くなる分、既存のアイデアだけでは不十分で、そんなに簡単な話ではないですよね。

一方で、今のeコマースにおいてすでに明らかになっている問題があります。「5

Gにいかに対応するか」といった大きな課題にチャレンジするのはもちろん大事ですが、その一方で、今、目の前に見えている問題を解決するのでも、十分大きな結果が出ることが多くあります。しかも、そのほうが成功の確率は高いのです。

必要なのは既存のビジネスの「分析」と「フォロースルー」

企業から個別に新規ビジネスの相談を受ける機会がありますが、その相談内容を聞く過程で**「既存のビジネスを改善したほうが良い」**と感じることがよくあります。多くの企業が売上を拡大したくて新規ビジネスに取り組もうとするわけですが、私が聞く限り、今手掛けている既存のビジネスも、まだまだ売上を伸ばせる余地がたくさんあると思うわけです。そうした相談を受ける中で**非常に不足していると感じるのが「分析」**です。市場の動きや顧客の動き、細かいレベルでの売上やコスト、顧客満足度やフィードバックなど、数字を見て、**「なぜそうなっているのか？」の分析をしていない**のです。

もう1つ不足していると感じるのは「フォロースルー」の部分です。中途半端に取り組み始めたものの、改善など行わず、そのままビジネスを継続してしまう。もしくは簡単にそのビジネスに対して見切りをつけて終了してしまう――。

例えば、ある販売促進のキャンペーンを開始したとします。それから数カ月後、売上の数字だけを見て、「上がっていませんでした。だから、このキャンペーンはうまくいきません」という結論を出してしまう。分析が足りず、結論を出すのが早すぎる悪例と言えます。

ビジネスにおいて必要な「分析」の仕方

ビジネスにおいては、インプットとアウトプットがあります。キャンペーンというインプットを行った以上、**アウトプットにおいて売上以外で何か伸びたところが絶対にある**はずです。

契約に至ったお客様の数がそれほど伸びず、売上も伸びなかった。それでも、客単価は上がっていたり、もしくは来客数が増えたりといった可能性はあり得るわけです。

単に「売上が上がらなかった」という結論だけで以降の施策を考えるのと、そうした点に気づいた上で施策を考えるのでは、以降の結果も大きく変わってきます。このキャンペーンのエグゼキューションにどういう問題があったのかを見ていくと、「次はどうすれば良くしていけるのか？」がわかるようになります。

既存のビジネスの「分析」が新規ビジネスの入り口

新規ビジネスに限らず既存のビジネスでもいえる話ですが、すぐに行えるはずの小さな問題解決すら行われていないのに、次に進みたいというケースが散見されます。逆に言えば、**小さな問題解決を積み重ねていけば、必然的に数字はついてくる**のです。

現状の業界や仕事に頭打ち感を抱えている会社があったとして、その頭打ちの状況を打破するべく新規ビジネスに取り組む必要があると思っている場合に、既存のビジネスの見直しも視野に入れるべきです。新規ビジネスに取り組むということは、会社のリソース（ヒト・モノ・カネ）を分散させることと同義です。既存ビジネスの問題を解決せず新しいビジネスに取り組めば、また同じ問題を繰り返すことになります。

実在の企業を例に解説します。その企業は、年々売上が下がっているものの、会員数はそれほど変わっていません。

そこで販売されている商品を買うためにお客様は会員になるわけですが、会員が約100万人の規模で存在し、かつ会員の入れ替わりが結構あるため毎年数十万人の新しい会員が入ってくるのです。その大半は女性です。100万人という会員数、そしてその会員情報は、企業にとってとても重要なアセット（資産）であることは言わずもがなでしょう。

さらに言えば、この会社のアセットは、「商品」そのものにあるのではなく、**「毎年数十万人規模で入ってくる会員」**にあります。売上が下がっているとしても、会員であるメリットを増やし、退会を減らし、また、新商品を開発していくことより、その女性会員たちが求めている別のサービスを開発するほうがよいという考え方ができます。この商品の市場規模が縮小傾向にあるとして、強引にこじ開けるような起死回生の商品を考えるより、よほど可能性があります。

「問題を抱えていないビジネスや会社はない」というのが真理であるとするならば、

「自分たちの強みをまったく持たないビジネスや会社はない」というのも真理です。まず、自分たちの強みを分析するのが新規ビジネスの入り口となります。問題はそれにどう気づくかですが、そのポイントは**「自分たちのビジネスをいったん引いて見る」**ということです。

何が自社のアセット（資産）なのか

引いて見る——つまり俯瞰《ふかん》して見ることです。

先ほどの例でいえば、女性の会員１００万人にものを販売している会社が世の中にどれくらいあるのかと考えてみます。それほど多くはないでしょう。そうすると、それが自社のアセットだとわかります。

同業との比較や、今この商品が調子が良い、悪いといった自社の状況の変化にばかり目を向けていると気づくことはできません。自分たちが今いる業界の立ち位置だけではなく、少し大きな目で見ると、何がアセットかわかってくるわけです。

自社の現状を引きで見て、マーケットやお客様をしっかりと分析したら、そのアセットを使い、さらに自社のビジョン・ミッションに合致した、イノベーションが起こせるようなビジネスのアイデアを出していくステップに移ります。

仮に店舗を持っていたら、その商圏の中にどんな施設があるかを見ていきましょう。ファミリー向けの商品を販売する会社だとすれば、幼稚園や保育園などは1つのチャンスです。

そこに気づくと、より細かいことができるはずです。それぞれの幼稚園に通うファミリーに向けた商品の作り方を店舗単位でできたりもしますし、立地特性を生かしたビジネスとなれば、ネット上にはないサービスになり得る可能性もあります。また、販売先としてではなく幼稚園と組んでビジネスを行う、といった既存の自社のビジネスとは視点の違うアイデアも出てきます。

毎年マーケットを確認する

アマゾンでは、毎年マーケットがどうなっているか・そしてどうなっていくのかを見るようにしています。

1つは扱う商品のマーケットサイズやベンチマークとするプレーヤーの動向、自社（アマゾン）の立ち位置はどこにあるのかなど、つまり**業界**の話です。

さらに**人口動態**や**テクノロジー**の話。例えば、現代ではスマートフォンを所有していることが当たり前になりました。オンラインショッピングサイトを利用するにしてもパソコンよりスマートフォンで買う人の割合のほうが多いです。この傾向は、3年後、5年後にはどうなるのか。さらに詳しく、モバイル端末のウェブブラウザで閲覧して購入するのか、アプリを通して購入するのか、どちらをより利用するようになるのかなどを年度ごとに見るようにしています。新しいスマートフォンの機種の操作性は、どのようにショッピング経験に影響を与えているのか。さらには、先ほどのような5GやARといったテクノロジーはどうなっているのか……。

毎年確認は行いますが、その時間軸は「中長期」などのある程度長いスパンがオススメです。

カスタマーインサイト
顧客は自社に何を期待しているのか？

これは、既存のビジネスでも同様の話なのですが、ビジネスが進み始めてからの分析においてまだまだ日本の会社に多いと思うのは**「お客様を見ていない」**ということです。

アマゾンは「お客様のことしか見ていない」と言われるほど、お客様の動向を確認しているのですが、その一方で、**「自社のお客様はどんなお客様なのか」**、**「お客様は何を期待しているのか」を把握していない、つまりカスタマーインサイトを持っていない会社が多い**ように感じます。

特に伸び悩んでいる会社というのは、作り手の計画優先のいわゆるプロダクトアウトの会社が多いのではないでしょうか。売る側の理論で進めるがゆえに伸び悩んでしまうわけですが……。答えはお客様にあるのです。これはもちろん、アマゾンでも同じこと。

カスタマーインサイトを取りにいけば、自然と買う人の立場で考え、お客様が必要な商品を提供すること、つまり**マーケットインが可能になる**と思うのです。

お客様は何を期待して買っているか、どういう不便があるか、どれだけ自分たちの店のことを好きでいてくれているのか。単にその場にあなたの店があるから買っているというわけではないのに、そうしたお客様のことを理解せずに販売しても、売上には結びつきません。

仮に、特に期待されているわけではなく、その場に店があるから買っているのだとしても、期待されていないなりの売り方があるはずです。

他にも、例えば来客者全員に会員カードを配布するなどして会員登録をさせている店舗がありますが、お客様に手間をかけさせた割に、会員であるメリットがそれほどない店舗やサービスも散見されます。プロダクトアウトの悪い例と言えるでしょう。であれば、会員にする意味もありません。その会員を取る手間を省いて、もう少し幅広くお客様に販売していくなど、他に何かやり方があるはずです。また、会員情報があるからと言って、お客様があまり興味のないようなメールや、内容も大して変わらないようなメールを毎日送り続けている企業も考えものです。例えば、新車を1カ月前に購入したお客様に、新たな車の購入とローンをお勧めするメール。または、6月のファッションのメールで冬のコートをおすすめしたり……。お客様のことを考えずにプッシュメールを送り続けるのも、プロダクトアウトの発想の一例です。

顧客のニーズをどのように汲《く》み取るか

では、実際にお客様のニーズはどのようにして汲《く》み取るのでしょうか?

アマゾンはお客様の想像を超えるサービスを提供する企業で、かつお客様を煩わせたくない、と思っているので、カスタマーインタビューなどは行いません。サイトの使い勝手やメッセージなど、ABテストが基本です。ただし、UX(ユーザーエクスペリエンス)テストは行います。実際にローンチの前にサイトを見てもらって、お客様が迷わずに利用できるかどうかを確認します。しかし、「こういうサービスはどういう状況になったときに利用しますか」といったことは聞きません。

アマゾンには大量のデータとリソース（ヒト・モノ・カネ）があるので、新規ビジネスを作る際、「こういうサービスはこの程度利用してもらえるだろう」と予測することが可能です。その上で、実際にサービスを提供しながら調整していくことができます。

しかし、規模の小さな会社はリソース（ヒト・モノ・カネ）が潤沢《じゅんたく》にあるわけはありませんし、データも限られてきます。スタートアップであれば、そもそもお客様のデータはありませんし、その分野への知見も限られます。そうなると、やはり実際にお客様と話さない限りは、どのようなことを望んでいるのか、わかりません。

聞かなければわからないとはいえ、お客様に「何か欲しいサービスはないですか」と聞くわけではありません。

そこで規模の小さな会社にとって大事になるのが、（アマゾンでは行っていませんでしたが）カスタマーインタビューです。実際、私もアマゾンを出て起業する際には、カスタマーインタビューを行いました。

カスタマーインタビューの例

カスタマーインタビューの例として、私がジュエリーレンタルのスパークルボックスを立ち上げたときの方法をお話ししましょう。

まず、カスタマーインタビューですが、「何もない時期」に聞くのは意味がありません。なんとなく自分の中にアイデアがある時期に行うべきです。「こんな商品やサービスがあったらあなたはどう思いますか?」と聞くのです。

ジュエリーレンタルのスパークルボックスを立ち上げたときは、仮アップしたホームページの画面を「想定顧客層」に当てはまる人たちに見てもらいました。

まず、**「こういうサービスはご自身だったら使いたいですか?」**と質問しました。するとと「使いたくない」もしくは「使いたい」といった回答があります。次に、それぞれ、**「なぜ使いたい（使いたくない）のですか?」**と聞きました。「価格がいい」「好みの商品を扱っている」といった回答の一方で「品揃えが悪い」、「サイトの使い勝手が悪い」など、それぞれの理由を話してくれます。

カスタマーインタビューで重要なのは、**実際にお客様に商品やサービスに触れてもらって改善すべき点と良い点を聞く**ということ。そして、**商品やサービスにどういうふうにインタラクト（興味・関心）しているか見る**ということ。この2つです。

ですから、何もない状態で「あなたはどういうサービスが欲しいですか」「どういうサービスを利用したいですか」と聞いても、得られるものはほとんどないのです。

なお、カスタマーインタビューは、原則2人で行います。**1人はインタビューする（質問する）人、もう1人はノートを取る人。**「2人で行う」というのがポイントだと私は思っています。なぜ2人で行うかというと、1人はとにかく質問することに集中して、もう1人はお客様の答えをノートに取るわけですが、お客様がどういうふうにその商品やサービスにインタラクトしているのかを見るためです。サイトであれば、どのように操作して、どのように閲覧しているのか、といったことを確認します。

そうすると、これまで気づかなかったことに気づきます。例えば、そのサイトのエンジニアが男性だとして、女性は男性より手が小さい。このボタンの位置は、ここだと女性には押しづらいとか、実際にお客様がどういうふうに感じているのか、その様子を確認します。お客様の話す内容ももちろん大事ですが、それだけでなく、**表情であったり、実際どう操作しているのか、言葉以外の情報も多く、それをしっかりと観察してカスタマーインサイトを得る**ことが大切です。

アマゾンは、新規ビジネスのアイデア、コンセプトが形になった後でも、お客様（カスタマー）にそのサービスについて直接聞くことはほとんどありません。しかし、予算や時間が限られるなど、失敗の許容範囲が少ない場合は、聞いたほうが良いというのが、私の考えです。聞かずに突き進んで、結果としてお客様に〝刺さる〟ことのないサービスをスタートしても意味がありません。**「お客様がサービスを育ててくれる」**という言葉がありますが、まさにその通りです。

成功の秘けつは細部に宿る

実際、私たちがスパークルボックスを立ち上げたときは、創業者3名ともアマゾン出身で、かつアマゾンで長く働いていたため、「利便性」というサービスを追及することに慣れており、残念ながら、いかに送付のパッケージを美しくするかといった考えがありませんでした（「ビジョン」と「提供する体験」が合致していない状態……「女性の毎日を楽しく」を掲げながら「利便性重視」のありさまでした）。

「3000円で使い放題」であれば、お客様の捉え方はとてもロジカルですよね。月額3000円でジュエリーが何点でも借り放題のサービスにおいて、10万円のジュエリーを借りることができるというのは、お客様も喜ぶだろう、と。

しかし、「3000円で使い放題」は、ビジネスのコンセプトです。このコンセプトだけではなく、実際サービスをテストで開始したときに、コンセプトは良いが、このパッケージはどう使えば良いのかわからない。女性が気分を上げるためのジュエリーなのに、それを受け取ったお客様は、「どう使ったら良いかわからず、気分が全然上がらない」といったことがわかりました。ビジネス全体のシステムを通して検証を行うことをエンド・トゥ・エンド・テストと言いますが、**実際にエンド・トゥ・エンド・テストを行うことで、初めてそれがわかったの**です。

例えば、スパークルボックスのサービスでいうと、私たちはまずメーカーから届いたパッケージのままお客様に送っていたわけですが、お客様からのフィードバックで、使ってもいいのかどうかがわからないと指摘されました。

レンタルであるにもかかわらず、送られてきたジュエリーにパッケージがついていて、値札も付いている。つまり、新品が手元に届くような状態でお客様のもとに商品が届くわけです。当時、私たちは新品の状態こそベストであろうといった考えで、これで良しと思っていたのですが（いずれにせよ、すぐに新品でなくなるので、浅はかですよね。次に値札が付いてなかったら、逆にどう思われるのかも考えてないですし）、女性が「気持ちが上がる」パッケージとは何だろうと、あらためて考え抜きました。

サービスを利用したときのエクスペリエンスの最後の部分で大事なのは、お客様が宅配の包装を開けたときに、「わっ！」と驚いてくれること。きれいにクリアパックで包んで、オーガンジーで包んでいく。高い商品は1つずつジュエリーボックスに入れて送る。そういった細かいところを次々に変えていく。

コンセプトである「ワンプライス」や「使い放題」など、そういうところはよほどのことがない限り変わらないのですが、細かいエグゼキューションはフレキシブルに変えていくことが大切なのです。

Chapter

4

Develop the Plan and Products!

事業計画の作り方、
プロダクトの作り方

KPIが設定されていないものを「計画」とは呼ばない

この第4章では、第3章で見つけた新規ビジネスの種を具体的なプロジェクトに落とし込むプロセスについて解説していきます。

アマゾンでは、第2章でも述べたとおり、プレスリリース形式での書類作成を重要視しています。なぜならそれは「未来の一場面を描く」ことだからです。その場面が成立するのにはどんな準備が必要なのか――抜け漏れなく逆算して考える必要があります。また、読む側も「そのような光景を目にしたいかどうか?」、つまりビジョンに共感できるかどうかが感覚的に判断できます。ちなみにビジョンですが、大きなビジョン、あるいは深いビジョンでないと、人の共感は生まれません。ここも覚えておきたいところです。

なお、事業計画の時点でカギとなる数値目標をKPI(Key Performance Indicator)に必ず盛り込みましょう。KPIのない〝事業計画〟なら誰でも作れますが、それは残念ながらアマゾンでは「計画」とは呼びません。また、新規ビジネスを成功させるには優秀な人材が必要です。具体的には「社内をよく知る人」、「新規ビジネスと関連の強い業界をよく知る人」、「新規ビジネス立ち上げの経験者」が組むと成功しやすくなります。

「未来の一場面を描く」プレスリリース形式で事業計画を立てる

なぜなら……

・企画提案者が、どんな準備が必要なのか抜け漏れなく逆算して考えられる
・読む側が、そのビジョンに共感できるかどうかを感覚的に判断できる

ビジョンは、大きさあるいは深さが重要！

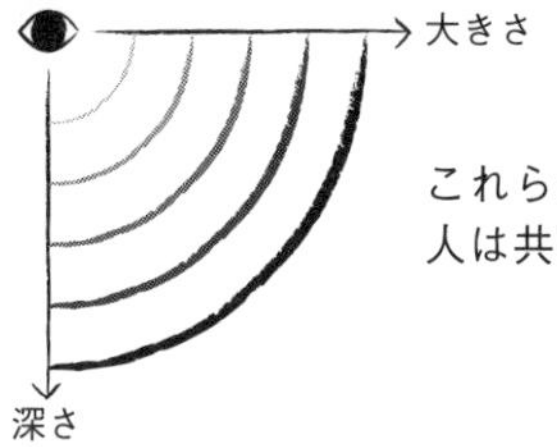

これらが足りないビジョンに、
人は共感してくれない

事業計画には数値目標KPI(Key Performance Indicator)を必ず盛り込む！

この数字のない事業計画は、そもそも「計画」と呼べない

新規ビジネスが成功するかどうかは、結局は人の力！

を盛り込んでチーム編成を！

事業計画書は「プレスリリース」で作る

顧客の想像を超えたサービスを作り上げ、大きなビジネスにしていくためには、当然ながら事業計画書が欠かせません。本章では、どのように事業計画書を作っていくのか、その方法について解説していきます。

アマゾンでは、パワーポイントの使用はNGとされていて、説明資料は箇条書きではなく、必ず文章形式で書くように言われています。パワーポイントは、メインのポイントだけを伝えるのには最適ですが、それだけでは内容が薄いことも度々あります。また、デザインや凝ったアニメーションなどに気を取られて内容がよくわからないこともありますし、作成する方も本質以外のところに語彙《ごい》力を使う徒労感もあります。

アマゾンが文章形式を採用しているのは、**書き手も読み手も曖昧《あいまい》なところをなくし、合理的に判断でき、後で見返したときに内容がわかるようにするため**です。

アマゾンの社内文書はA4サイズで1枚、もしくは6枚と決められています。経過報告などは1枚でまとめ、プロジェクトの提案など重要な意思決定が行われる際の資料は6枚で作成するというルールがあるのです。このA4で6枚のドキュメントを、アマゾンでは「6ページャー」と呼んでいます。

この6ページャーは、**①プレスリリース、②プロジェクトの概要をまとめたもの、③損益計算書などの財務モデル、④プロトタイプ、⑤グラフや表の添付資料**の計5種類の資料で構成されています。

つまりは、新規のプロジェクトを行うに際して、これらの資料が必要だということです。新規ビジネスを作るときは、情報の過不足なく計画を立てるために、この6ページャーを参考に事業計画書を作るとよいでしょう。

事業計画書の肝となる「プレスリリース」

第2章、第3章でも触れましたが、アマゾンの事業計画では「想像上のプレスリリース」を作成します。

プレスリリースはアイデアを可視化させることができます。作成しながらサービスを利用しているお客様の姿を想像するので、カスタマー・エクスペリエンスに立った視点で考えることができます。また相手の知りたいことが網羅されているため、社内やステークホルダーとのイメージ共有としてとても使いやすいのです。その結果、プロジェクトに参加する社内関係者やステークホルダーからの共感も得やすくなります。

FAQであやふやな部分を詰める

プレスリリースにFAQ（質疑応答）もプラスすると、ビジネスの内容がより明確になります。FAQは、利用者が困りそう、わかりにくそうと思われる事柄に対して、Q&Aの形で事前に答えるというもの。ビジネスの内容を説明する上でこれほど効率的なものはありません。概要からは理解しづらい点をカバーできるので、第三者が事業の輪郭をつかみやすくなるのです。

利用者が疑問に思う点は、上長も同じように疑問を持ちます。その点に事前に答えるので、決裁するか否かの判断もスムーズになります。

プレスリリースには「究極のゴール」を実現した〝光景〟を記載するようにしましょう。新規ビジネスの立ち上げは、道なき道を曲がりくねりながら進むようなもの。実際にサービスを始めるまで、また始めてからも問題が発生するのは当然ですし、プレスリリースを作成したときには想像できなかったトラブルも発生します。けれども「究極のゴール」の〝光景〟があれば、「何があろうとそこへ向かっていくだけ」とシンプルな気持ちで軸をブラさず進むことができるのです。

アマゾンフレッシュでもプレスリリースが作られた

例えば、アマゾンは現在、生鮮食品などの配送を行うアマゾンフレッシュや食品や日用品などを1つから購入可能なアマゾンパントリーといったサービスを提供しています。今でこそeコマースで低価格の食料品を取り扱っているのは当然のように思われていますが、アマゾンがそれらのサービスを提供し始めた頃はそうではありませんでした。

アマゾンフレッシュなど困難な新規ビジネスを立ち上げることができたのも、関係者がプレスリリースで「究極のゴール」の〝光景〟を共有できていたからです。

例えば、

「Aさんがある日の朝、キッチンで子どもたちの朝食を用意していたときのこと、コショウが足りないことに気づきました。そこでアマゾンですぐにコショウをオーダーしたところ、夕食の準備までに届きました。普段使っている食料品がアマゾンですぐに買えるようになって、こんなに便利なことはないとAさんは喜んでいます」

……といった内容のプレスリリースです。1年後なり、2年後なりの日付で、そのときにサービスを利用したお客様がどのような生活を過ごしているのかイメージできることを書きます。

お客様の表情、動き、そしてその中で生まれる満足感にフォーカスしてプレスリリースを作成していきます。

あくまでも「お客様の喜び」を中心に作成するため、たとえ想像上の新規ビジネスであっても、**お客様にとって行きすぎた、提案者の独りよがりにはならない**——つまり、お客様の未来に適切なパッケージを提供できるところが、事業計画書の1つとしてプレスリリースを作る大きな理由です。

「大きなビジョン」「深いビジョン」ゆえに関係者が共感できる

また、事業計画書——プレスリリースやプロジェクトの概要、財務モデルを作成するときには「大きなビジョン」を描くことが大切です。

ここで言う「大きな」とは、金額のことではありません。**そのサービスが与えるお客様への衝撃や喜び（インパクト）のことです。**インパクトが大きければ必然と金額も大きくなります。

アマゾンでは、計画時にインパクトを重視します。インパクトが小さいと、そのビジネスで得られる成果も小さくなると見なされ、事業計画は却下されます。

ここで注意したいのは、「市場規模がこれくらいで潜在顧客がこれくらいいるので、これくらい売上が期待できる」として、売上何千億円といった数字を見せようとしてしまうことです。お客様への衝撃や喜びを与えない（あるいは与えるかどうか示されていない）のに数字だけ示す――という誤りは、新規ビジネスで起こしがちな間違いです。机上のそろばんで算出した金額ではなく、お客様の感情に寄り添ったインパクトをまず示した上で、「このようなお客様へのインパクトをもとにこのビジネスの成果を予測すると……」といった形で、金額を示すべきなのです。

端的に言えば、ビジョンは大きければ大きいほど良いと思います。仮に会社のビジョンが小さくても、自分たちで立ち上げるビジョンは大きく持つべきです。本業よりも新規ビジネスのビジョンが大きくても良いのです。

会社が新規ビジネスを始めるということは、そこへリソース（ヒト・モノ・カネ）を提供するということです。つまり、会社としては新規ビジネスに投資をするのであれば、必ずその見返りがないといけないわけです。ですが、示された事業計画書に書かれているビジョンが小さいと、その見返りも小さくなると予想されてしまいます。最初から利益が少ないと見込まれる事業にお金を出したい人などいません。仮に上長に新規ビジネスを提案したとしても、承認が得られないでしょう。

とはいえ、「ウチのような規模では大きなビジョンを持つのはなかなか難しい」と感じる方も実際には多いと思います。その場合は**「深いビジョン」**を目指すべきです。狭いカテゴリーの中で世界一を目指すイメージです。例えば、「世界で一番の品揃えのクラフトビール専門店になる」などが深いビジョンだと思います。

かつてアイドルグループが、「ナンバーワンよりオンリーワン」と歌っていましたが、まさにそれです。そうすることで、社内での賛同も得やすくなります。

アマゾンは期待だけで終わらせない

新規ビジネスを進めるうえで、どのようなアイデアかに加え、誰が進めるのか、どういうメンバーで進めるのかも重要になります。

アマゾンの場合は、事業計画を作って承認されるまでは、この人に参画してもらいたい、この人を呼べそうだ、という話はしません。**原則的に計画が承認されてからメンバーを集めます。**アマゾンは、計画段階では基本的に非公開としています。新規ビジネスを始めるかもしれないと期待させておいて、結果的にやらなかったと、**お客様**

の期待を裏切るという事態を避けるためです。

ただし、それはアマゾンの考え方であって、どういうメンバーを呼ぶ予定であるか、といったことは対外的に示す事業計画書には記載しても良いでしょう。なぜなら、スタートアップ企業や中小企業が金融機関から融資を受ける場合などに「あの人物を招聘《しょうへい》できる」、「この人が参画している」ということであれば承認しよう、融資しようということも少なくないからです。また、プランがより現実に近づきます。実現すれば、実際に呼べるようになるわけですから、まずは「プランが承認されない」という最悪の事態こそ避けるべきです。

なお、メンバーを探す場合ですが、あの企業と組んで事業を行う、あの開発者にシステムの開発を担当してもらうなど、ビジネスのインパクトが大きくなるメンバーを社内外から選んで入れると良いでしょう。

計画の時点で必ずKPIを設定する

事業計画書を作成する段階で、必ずＫＰＩを設定しておきましょう。

ＫＰＩとは**「Key Performance Indicator」の略**で、**重要業績評価指標**のことです。目標の達成度合いを計測・監視するための定量的な指標で、ある期間中にここで設定した目標値に達成していなければ、当初想定していたゴールに向かっていないことを示しています。事業計画書で示す財務モデルでは、必ずＫＰＩを設定するようにしましょう。そしてＫＰＩはインプット（アクション）が元になるＫＰＩを必ず作りましょう。

このＫＰＩがなければ、「アクションに基づかないプラン」になってしまいます。想定どおりゴールに進んでいるのかがわからないまま、ただ、「思いついたアイデア」

をなんとなく実行しているだけの状況、成果が出ているのか不明なまま漠然と事業が進んでいく状況に陥るだけです。それでは、そもそも事業計画書とは言えません。

ＫＰＩは、売上がどれくらいになるか、利益率が何％になるか、３年後のフリーキャッシュフローがどのくらいになるか、などの財務指標が一般的です。財務モデルのところで、必ず言及するようにしましょう。

また、ＫＰＩは、財務のみならず、来客数や成約率などの数字でも設定しておくことが、より重要です（アクションに関わるところ）。プランの軸がより明確になり、またオンリーワンのビジョンを描く際の指標にもなります。女性会員が１００万人いる会社の例を先述しましたが、こうした顧客の特徴を持つ会社は国内にそう多くはありません。つまり、この数字が会社のオンリーワンの状況を示しています。

大きく深くオンリーワンになれるためのＫＰＩを設定しましょう。とはいえ、一方で、「数字だけ」のプランはあまり意味がありません。数字はエクセルが作ってくれますから（笑）。数字とアクションが結びついているプランにしましょう。

変動費で回収できる事業計画は通りやすいが……

新規ビジネスはうまくいかないことがほとんどなので、どうしてもリスクに目がいきます。そこで、コストをコントロールできるようなプランにしておくと、社内で賛同を得やすくなります。

そのためには、変動費で賄えるようなビジネスにすると良いでしょう。多額の固定費がかかるようなビジネスは会社としても判断がシビアになります。変動費であれば、状況に応じて「この工程を減らすことで、一時的にコストを下げよう」といった判断ができます。

例えば、新規ビジネスを起こすにあたって、新たに物流のための倉庫を建てる必要があったり、集客のために大きな施設を作る必要があると、設備投資と維持費や管理費などの固定費が必ず発生します。そうすると、回収しなければならない金額も大きくなり、うまくいかなくなったときにビジネスの内容を修正したりといった軌道修正が難しくなります。そこで、固定費を最小限にして、ある程度は変動費で賄えるようなビジネスにしておくと、コストをコントロールでき、ひいてはビジネスも修正しやすくなります。

ただし、プランによっては、固定費が出る部分こそが重要であるケース（アセット）もあります。当然そこは社内でコミットして進めるべきです。必ずしも固定費をカットするのではなく、柔軟に対応することが重要です。

社内でリソースを持つ必要はない

今の時代、B to Bでさまざまなサービスが提供されるようになり、変動費でビジネスを立ち上げること自体は容易になってきました（その最たる例がアマゾンのクラウドサービスAWSだったりするわけです）。社内でリソースを持つことが絶対、というのは、必ずしも正しいとは言えません。外部に依頼する点を含めて進めれば、うまく賄えます。ビジネスのキーとなる部分さえ握っていれば、他の要素は外部のサービスを適宜切り貼りして作れば良いのです。

実際、それらを実感するケースも多いでしょう。ZOOMやスカイプなどのアプリを用いてミーティングすることでメンバーが必ずしも同じオフィスにいる必要もありません。

スタートアップであれば、オフィスは小さくて済み、固定費の削減も図れます。また、専門家や遠方在住の人にメンバーとして参加してもらう際に、テレワークであれば可能といったケースもあるでしょう。


私の立ち上げた「スパークルボックス」のスタイリストさんの中には、もともとショップ店員だった人も多くいます。結婚後、地方在住になった方などがリモートワークで働いてくださっているのですが、少し前なら考えられないことですね。新規ビジネスを始める際に、人材というリソースは、こうして集めることもできるのです。

一度、カメラマンにジュエリーを郵送で送り、撮影してもらうという方法も検討したことがありますが、ジュエリーは高額商品なので、紛失したときの責任の所在などを考えると困難だと判断し、実際に行ってはいません。ここでも、リソースを社外で確保することに躍起にならずに、バランスが重要です。

「ワンウェイドア」の場合は慎重な判断が必要

アマゾンでよく言われたのが、**「ビジネス上の判断がワンウェイドアの場合は、より慎重に計画を立てろ」**ということです。ワンウェイドアとは、一方通行のドアや戻れないドアのこと。つまり、一度実行したら、元の状況に戻すのが難しいビジネスプランを指します。

例えば、商品の発送にかかる配送料を３００円から無料にするサービスを打ち出すとしましょう。

確かに、「送料無料」にするというプランは、お客様へ与えるインパクトは大きく、利用者の増加が見込めます。しかし、それで財務状況が悪化したからといって、数カ月か数年後、配送料を300円に戻すといっても、お客様の理解を得るのは難しいでしょう。企業への信頼が揺らぎ、以前に配送料300円を受け取っていたときと同じ数のお客様が支持してくれるとは限りません。

逆の場合も同様です。あるサービスの内容を充実させて値上げした場合に、それでお客様が減ってしまったので、値段を元に戻したとしましょう。値段を元に戻したとして、お客様の数が元に戻るわけではありません。

ワンウェイドアは、アマゾンで言えば、「プライム」会員のサービスの内容を大きく変更するといったレベル（価格を3900円から1万円にしたり……など）の話に該当します。インパクトは大きいですが、言ってしまっては後には引けません。アマゾンは、期待させて実行しない状態を嫌い、公表に慎重となると先述しましたが、ワンウェイドアの判断に対してもきわめて慎重です。

取引先との関係性も元に戻らない可能性が……

また、サービス内容の大幅な変更は、そうしたお客様側の問題だけでなく、配送業者と契約し直したり、取引先との条件見直しなども発生します。これは手間だけの問題ではなく、再度以前と同じ条件で契約が結べるかという問題が発生します。

こうした「元に戻せない」プランは、中でも特に慎重に考えるべきです。それはアマゾンであっても同様です。新規ビジネスが社内の既存のサービスにおいて**「元に戻れない」状況を生むのであれば、十分に時間をとって、検証する必要がある**のです。

ただし、これは「既存のビジネスの変更はなるべく避ける」ということではありません。**テスト自体はどんどん行って良い**と思います。さらに、ワンウェイドアが大きな新規ビジネスということだってあるでしょう。ＫＰＩを含めた事業計画書では、計画の上流から下流まで慎重に考えて、チャレンジしてほしいと思います。

必要なのは、ワンウェイドアであるかどうかをまず正しく認識すること。この新規ビジネスがワンウェイドアであると認識したら、事業計画により慎重になるべきです。逆に、本当はワンウェイドアでないにもかかわらず、むやみにチャレンジをためらうようなことは避けたいですね。

新規ビジネスには優秀な人材を集めよ

新規ビジネスは、それだけで会社にとって〝大きな〟ビジネスです。そのためアマゾンでは、新規ビジネスを進めるためのチームには、とにかく優秀な人材・ポテンシャルがある人材が配置されます。大きなイノベーションをもたらすわけですから、当然と言えるでしょう。

また、新規ビジネスのプロジェクトに関わることは、「社内のさまざまなチームと横断的に関わって人脈ができる」「他部署のリーダーから一目置かれる存在になれる」「一段上の経営視点で考えることができるようになる」など、成長の大きな機会となり、本人にとってさまざまなメリットがあります。自分の後任に（後継者に）と目をかけている人物がいれば、ぜひ新規ビジネスのプロジェクトの参画経験をしてもらうと良いと思います。

なお、新規ビジネスのチーム編成ですが、

①**「社内をよく知っている人」**（特にビジョンやミッション、行動規範。そして社内の他のチームのことを知っている人）

②**「新規ビジネスの業界について詳しい人」**（新たにファッションを扱う新規ビジネスを立ち上げるとなったら、ファッション業界にいた人）

③**「新規ビジネスの立ち上げ経験がある人」**（オーナーシップが強い特性を持った人が望ましい）

この3つのカテゴリーからの人選が必須であり、このチームを編成すると圧倒的にスピードが速くなります。

いちばん大事なのは、①の**「社内をよく知っている人」**がチームにいることです。なぜなら新規ビジネスも自社のビジョンやミッション・ブランドに沿ったものでなければならないし、それは社内の人が最もよくわかっているからです。実際、新規ビジネスの立ち上げでは社内のさまざまな部署と連携して動くことも多く、多岐にわたる調整が必要です。その際、社内事情に精通した人がいないとなると、成功率は格段に下がるのです。

また、②の**「新規ビジネスの業界について詳しい人」**をメンバーに入れる理由は、その業界の言葉、文化に沿って説明してくれるからです。eコマース業界の人が、eコマースの言葉を使ってファッション業界にいる取引先に説明しても、スムーズに理解してもらえません。そこを代わって、アパレルメーカーやショップ、百貨店の要望をしっかり汲《く》んで説明してもらえると交渉がスムーズになります。

お客様に対しての説明も同様です。お客様が何をどう伝えれば喜ぶのかを知っているわけですから。

そして、③の**「新規ビジネスの立ち上げ経験がある人」**については言うまでもありませんよね。

事業計画書に、どういう人たちがメンバーとなるのか入れておくのも良いと思います。さらに言えば、そうした人たちの意見を積極的に取り入れると、より精度が増していくでしょう。

社内や業界に本気度を示す

チームのメンバーとなる人員は、優秀であれば優秀であるほど良いでしょう。

一見当たり前のようにも聞こえることを、なぜわざわざここで書くのか？　実際にはそうなっていないケースが大半だからです。「新しい＝売上がまだ目立っていない事業＝会社にとって貢献度が小さい」という状態のため、優秀な人をメンバーに送り込まない、あるいは片手間で関わらせる……。「世の中がやっているから、自分のところもとりあえずやってみる」といった判断をした企業の場合によく見られます。

そのような状態で取り組む新規ビジネスなのであれば、「やらない」と決めて本業に集中したほうが、よほど良い成果を得られるのではないかと思います。

優秀な人がメンバーになると、対外的なメリットもあります。社内で優秀だと定評のある人が新規ビジネスの立ち上げに関わっていたら、そのビジネスに対する社内での注力度を示せます。会社は本気でこの新規ビジネスに取り組むのだ、ということを認識・浸透させられます。

また、ファッション業界で新しいブランドを起こすのであれば、有名なメゾンのデザイナーを招聘《しょうへい》できたりすると、**社内だけでなく業界内に〝本気度〟を示せますし、インパクトを与えられます。**実力のある人がいるだけで、プランに説得力が増します。

極端な例かもしれませんが、アナ・ウィンター（Vogueの名物編集長・映画『プラダを着た悪魔』のモデル）がアマゾンのファッション部門に参加したとなれば、アマゾンは本気でやるぞ、と業界内外に伝えられますよね。また、１９９７年にスティーブ・ジョブズがアップルコンピュータのＣＥＯに復帰したときには、当時苦境であったアップルが復活する、という大きなメッセージになりました。

新しいビジネスをやるということは、その会社、業界に変化が起こることをしようとしているわけです。しかし多くの場合、変化はあまり好まれません。そんなとき、ある程度インパクトがある人がビジネスに参加すると、変化を好まない停滞した空気を動かし、風向きを変えてくれる可能性があります。その結果、社内、取引先、資金調達先、そしてお客様など周囲を説得しやすくなります。

また、こうした優秀な人材を選ぶ際に最も重要なのは**ビジョンに共感できるか否か**です。お金で優秀な人を引っ張ってきても、そのビジネスに対する根本的な考え方が合致していなければうまくいきません。会社のカルチャーが強ければ強いほど、そのカルチャーに合う人を選ぶようにしましょう。

けれども、たとえビジョンに共感できても特殊なカルチャーにフィットできなければ辞めてしまうことが多いです。**①優秀であること、②ビジョンに共感できること、③会社のカルチャーに馴染《なじ》めること。**この3つを満たした人を、チームメンバー選びの際の大前提条件とすると良いでしょう。

人の流れを促進するためには既存のビジネスを仕組み化する

ちなみに、社内の優秀な人材を新規ビジネスに充てるときに問題になりやすいのが、

既存のチームからの抵抗です。その人が抜けた穴をカバーする必要もありますし、そもそも既存のビジネスが回らなくなる恐れもあるでしょう。

ベゾス氏の言葉で、「『善意』は働かない、働くのは『仕組み』だ」という言葉があります。社員のいわゆる「おもてなしの心」だけで成り立つ会社では、善意にあふれた優秀な社員ほど心身をすり減らして辞めていってしまいます。社員が「善意」を発揮できる環境にするためにも、ビジネスの仕組み化は重要な要素となります。

そこで、**既存のビジネスはある程度成長した段階で、誰が来ても回せるように仕組み化しておくべき**です。逆に言えば、優秀な人が離れたら崩壊するようなビジネスでは失敗（少なくともまだまだ成長途上）なのです。経営層としては、新規ビジネスを進めるためには既存のビジネスの仕組み化が大事であることを認識しておきましょう。

また、新規ビジネスが軌道に乗った後のことにはなりますが、優秀な人材をメンバーから外すことを恐れない勇気も必要です。

社内の人の流れを促進するために、そして業務が属人化しないように、仕組み化は避けて通れない問題。「何か仕組み化できないか？」という視点を持ち、一定の段階に到達するたびに仕組み化を実行していくべきです。

手近にあるもので始めて、ある時期から代替案に切り替えよ

事業計画書を作成していて、「今すぐ形にしたいけど技術を使ったプロダクトや大きな設備投資に多くの準備が必要となり、プロダクト、サービスがスタートできない」といった場合には、代替案を検討しましょう（その技術や設備がコアのプロダクトという場合は例外となりますが）。

「技術を使った独自のプロダクトが使えるようになる」あるいは「設備投資できるのを待つ」という考え方もありますが、ある程度そのプロダクトの商用化がイメージできる段階であれば、待つのはもったいないと言えます。プロダクトは未完成でも良いのです。

例えば後述するstitch fix（スティッチフィックス）という米ナスダックに2017

年に上場したオンラインパーソナルスタイリングサービスの企業は、スタート当初は、スタイリングと洋服とお客様を何とエクセルで管理していました（1万個のアパレル商品を発送するくらいの規模までエクセルを使っていたとのこと）。ビジネスのアイデアが素晴らしいものであれば、それで十分なのです（現在はデータが蓄積し、ＡＩが管理しているようです）。

ですから、理想に近づく代替案を用意しておいて、「テクノロジーができる、もしくは設備投資ができるまでは代替案で進める」ことをオススメします。

ビジネスは環境がそろった状態では始められない

今、世の中で注目されているビジネスを見てみると、「すごい！」「便利だ！」と言われているビジネスであっても、実際のところ、技術的に驚くべきことをしている、というものは多くありません。

これは決してサービスの批判ではなく、サービスの戦略を評価して言うのですが、キャッシュレス決済などは典型例です。ＱＲコード決済などは技術的には特に優れているわけではないのに、国のキャッシュレス化推進によって伸びています。また、フリマアプリ「メルカリ」も、中古でもよい、また、お小遣い稼ぎができる、見ていて楽しいといった理由で伸びていますが、テクノロジーの部分がとても素晴らしい、といったわけではありません。

ビジネスはロングターム（長期）で行わなければなりません。そして、ビジネスは初めから何でも揃った状態で進められるわけではありません。そのようなビジネスで成功を勝ち取るには「とりあえずスタートさせて、徐々にビジョンやゴールへ近づけていくほうが良い」と私は考えています。

常に使えるものが何かを考えて、なければ代替案を考える——。

シンプルですが、これが成功原則なのです。

必ずしも巨額の設備投資費用が必要になるわけではない

ここまでお読みいただいた読者のみなさんの中には、アマゾンはリソース（ヒト・

モノ・カネ）を潤沢に持っているから、新たなビジネスを次々に進められるのだろうと思っている人もいらっしゃるでしょう。

実際、そのとおりです。新しいことに、スピード感を持って、リソース（ヒト・モノ・カネ）を投入しているのは事実です。しかし、もちろんお金がかけられればいいのですが、必ずしもそういう状況にないことはアマゾンでもあります。ただ、どんな規模や状況であっても、**正しくビジョンに立ち返ることができて、カスタマーインサイトを見ることができれば、多額の投資を行わずに素晴らしい新規ビジネスを立ち上げることが可能**です。

今はクラウドの時代なので、クラウドソーシングにより、必要なアイデアやスキルを集められます。人材の流動化があるという点。フリーランスでクオリティーの高い仕事をする人もたくさんいます。

また、サーバーのコストが負担となるわけですが、アマゾンが世界一のシェアを持つクラウドコンピューティングサービス、ＡＷＳを始めてから、サーバーコストは劇的に下がりました。

ビジネスでコアとなる部分以外は、外部のリソースで賄って、プロジェクトをまず進めることができてしまうのです。

では、ビジネスのコアとはどういう部分を指すかというと、先ほど述べたワンウェイドアになってしまう部分です。自社で判断し、自社で実行できるように、リソースを社内に持っておきましょう。

ビジネスのコアとなるワンウェイドア

例えばスパークルボックスの中でのワンウェイドア、つまりビジネスのキーとなる部分は2つあります。

1つめは、**カスタマイゼーション**です。顧客一人ひとりに対して最適な商品をお勧めするメカニズムが私たちのビジネスの核と言えます。この部分は、他社には絶対にアウトソースせずに自社で分析し、メカニズムを作ります。つまり、他社にお客様対応を任せたりしないということです。

2つめは、**データ**です。これらのデータは、カスタマイゼーションの基盤となるだけでなく、「お客様がどういうキーワードで流入してきたか?」などのインサイトを得たり、「どのようにサイトにインタラクションしているのか?」「どういうジュエリーやアクセサリーを借りて満足度が高かったか?」「どれくらいの頻度でジュエリーを交換するお客様がリピートして利用してくれているのか（継続率）?」といった、サービスを展開する上でキーとなる指標（メトリックス）となります。

つまり、**ビジネスを発展させていく上で、データがキーになる**ということです。データが示すものは当初は「何となくわかっている」ものであることも少なくありません。ところがビジネスを進めていくうちに、データと照らし合わせて「この方法で合っていた（上手にできた）」もしくは「こういうアングルから見てみたい」そして「うまくいかないのはなぜか?　深掘りをしなければならない」というように変わっていきます。

そして、深掘りを効果的に行う上ではデータの共有が重要です。**社内の誰もがフレキシブルにデータを取れるような状態にする**ことを心がけ、そのような体制で業務を進めています。この点は、アマゾンの考え方と通じるところがあります。「誰もがデータにアクセスできて、事業に必要な判断を行える」というのは、特に新規ビジネスにおいては重要なことではないでしょうか。

データの重要性

データの重要性は、事業の規模や業界にかかわらず共通しています。データはいずれ自社に入ってくる。それを外部に委ねてはいけないとはどういうことか、と思った人もいるでしょう。今はさまざまなデータ解析ツールがあります。特にサイト運営などで用いるツールは多数の競合がひしめく状況です。

そうしたツールを利用した際、データツールの制作会社が用意したパッケージに用意されたデータしか確認できないようなものもあります。ＭＡ（マーケティングオートメーション）やＣＲＭ（顧客管理システム）などのツールがありますが、私たちは一般的なスキームによるｅコマースではないということもあって、そういうものを使わずに、自社でデータベースを構築して、社員の誰もが見られるようにしています。

何が本当に一番大事なのか、新規ビジネスを担当する者としてジレンマも出てくると思いますが、この見極めが重要です。それがスパークルボックスの場合は、「カスタマイゼーション」と「データ」ということです。そして、データがあるから、カスタマイゼーションが可能になるのです。両者は密接に結びついています。

もっとも、ビジネスのコアになる部分で「データ」というのは、どの業界、ビジネスでも変わらないでしょう。例えば、**外部のコンサルタントにデータ収集や分析をすべて任せたり、このデータ解析は社内にわかる人がいないから協力会社に全部担当してもらったり、ということは避けるべき**です。

一方で、自社の特徴ある商品をインターネット上で販売するなどスタンダードなスキームの新規ビジネスをやるのであれば、今のMAツールでも十分だと言えます。要は、**データを蓄積し、把握し、読み解いてプランに生かせる体制を自社で持っておくことができれば、それで良い**のです。

ビジネスのコアとなる技術を理解する

新たに立ち上がったビジネスでよく見られるのは「技術の会社だが、社長がエンジニア出身ではない」というケース。そういった会社は当然、社長はエンジニアでなくても、ある程度技術のことを理解していなければいけません。技術の仕組み、その技術で必要なリソース、技術の発展の潮流などです。技術こそが、その会社のアセットです。

会社のコアとなるアセットは、トップなり責任者が必ず理解しておくべきです。「自分は技術のことはよくわからないからエンジニアに一任しています」というスタンスは、やめるべきです。

スパークルボックスは正直、高度なテクノロジーを取り入れている会社ではありません。技術で売っている会社ではないので、仮に私が技術をアウトソースし、詳細をすべて理解していなくても、それほど大きな問題はないわけです。しかし、私がジュエリーやお客様そしてデータのことをわからない、と言ったら大問題です。信頼性がなくなるし、「何のサービスを提供しているの？」となってしまいますよね。

ビジネスのコアとなる部分を自らわかっていることが重要なのです。

「撤退期限を決めて臨む」より「形を変えてやり続ける」ほうが成功する

新規ビジネスを始めるにあたって、「不退転の決意」のような意気込みを持って取り組む人も少なくないでしょう。とはいえ、新たなビジネスに失敗はつきもの。損失を積み重ねないように「撤退期限を決めて臨む」ケースもあるかもしれません。ＫＰＩのある指標がこの時期に何％に達していなかったら撤退する、といった具合です。

しかし、撤退はしないほうが良いのです。

もちろん、当初の事業計画のとおりではうまくいかなくなっているわけですから、プランの見直しは必要です。ただ、「撤退する」という考え方ではなく、「形を変えて続ける」という考え方のほうが成功率は上がると思います。

撤退するとしたら、それは役目を終えたとき

私がアマゾン時代に立ち上げたアマゾンの姉妹サイト「ジャバリ」というサイトはもうありません。アマゾンでも同じことができるようになったからです。

ジャバリは靴やファッション小物を販売するサイトとしてスタートし、靴とバッグに最適なショッピング経験を提供していました。これは当時のアマゾンの本サイトではできなかったことです。しかし、時間が経過し、アマゾンでも同様のショッピング経験ができるようになり、品揃えも、同様なものを扱えるようになりました。

ジャバリがあると、アマゾンとジャバリのどちらで買えばいいのかお客様が混乱してしまいます。そのため「統合するのが良い」という判断が下され、ジャバリは撤退したのです。つまり、ジャバリは役目を終えたわけです。

自社のサービスの中で、同様のお客様の満足度を得られることができたときは、撤退する1つのタイミングと言えるでしょう。

Chapter

5

Scale a Business!

サービスやプロダクトを
軌道に乗せる方法

「インプットKPI」を見出し、1週間単位でチェックせよ

この第5章では、商品やサービスを実際に軌道に乗せていく際の重要なポイントについてお話ししていきます。

第4章で説明した「KPI（Key Performance Indicator）のないものを計画とは呼ばない」ということはご理解いただけたと思いますが、KPIは「商品やサービスによって設定すべきKPIは異なる」、「KPIは事業が展開していくにつれて変化していく」ということも、ぜひあわせて覚えておいてください。唯一絶対の万能なKPIが存在するのではなく、ご自身にとっての〝正解〟は「走りながら見つけていく」しかない――これは、アマゾンでの経験、およびその後の起業経験を通して確信を持って言えます。

ちなみに、KPIには「アウトプットKPI」と「インプットKPI」の2つがあります。アウトプットKPIが売上や利益などの「結果」であるのに対し、インプットKPIはそういった「結果」を生むカギとなる「要因」です。インプットKPIを見出し、経営資源を集中投下できるかどうかが、新規ビジネスの成否を分けるのです。そのためには、1週間単位でKPIをチェックできる体制作りも必要となってきます。

計算どおりいかない新規ビジネスではKPIの設定が特に重要！

KPIを仮設定する

↓

PDCA（Plan→Do→Check→Act）を回す

↓

自分の事業に特有のKPIを「走りながら」見出していく

↓

1週間単位でKPIをチェックする体制を！

KPIには2つある　注目すべきはインプットKPI！

アウトプットKPI（売上や利益）

インプットKPI（結果を生む要因）　←　**こちらに注目！**

KPIはどんどん変化していく！

立ち上げの頃のKPIと
事業がスケールしていくときのKPIは異なる

唯一無二のKPIなど存在しない

↓

**「お客様」の行動に
絶えず目を向け（＝カスタマーイン）、
KPIを見極めよ！**

売上が計画どおりにいかない新規ビジネスではKPIが重要

皆さんは、今取り組んでいるプロジェクトの目標数値は何なのか、そして現状の達成率は何％なのかを聞かれて、即座に答えられますか？

これに答えられないと、問題を発見できず、また問題を発見できても対応が遅れてしまいます。

アマゾンでは、ありとあらゆることを**「数字＝メトリックス」で管理**しています。

「今週の目標は○社の取引先から結論を得る」

「今週、この倉庫からは○個が配送される」

といったことが数字で管理される体系ができ上がっているのです。

中長期での目標から始まり、1年間の目標、1カ月の目標、1週間の目標、1日の目標といった具合に目標が細分化され、把握しています。そして、**世界中のアマゾンで働く人たち、現場の従業員も含めて全員が、自分の目標を数字で認識し、どの程度仕事が進んでいるのか数字で把握している**のです。

その数字は、「KPI＝Key Performance Indicator（重要業績評価指標）」をもとに算出されます。これは、目標を達成できたか否かを数字でしっかりと管理した評価軸です。第4章で事業計画書にKPIを盛り込む重要性についてお話ししましたが、KPIはビジネスを立ち上げ、継続していく上で必須の存在です。

数字で理解すれば問題解決も容易になる

従業員が年間の目標や今週の目標、先週の目標達成率など、すべてを数字で理解し、把握していると、どんなメリットがあるのでしょうか？　ひと言で言えば「何が問題なのかを正確に把握できる」のです。

いくらPDCAサイクル（Plan→Do→Check→Actのサイクル）を回しても、「数字で」把握していなければ、Check（評価）やAct（改善）は的外れなものになりがちです。ところが実際の新規ビジネスの現場では「あの人がもう少し頑張ってくれればうまくいくのに……」といった抽象的なCheck&Actが非常によく行われがちです（新規ビジネスの現場だけではありませんが）。

すべてを数字で理解し、把握しているとどうでしょうか？

例えば、「1日に3つの作業を行うのは困難である」のであれば、作業量を2つに減らすのか、それともその1つの作業内容を見直すのかを検討することになります。2つの作業に減らしたときの他の業務へ与える影響も数字で確認できますから、判断はとても合理的です。つまり、Plan（計画）で立てられた数字をもとに、Do（実行）し、Check（評価）も数字で行えます。

その問題を解決する方法やアイデアを数字で考えるようになるので、「その改善策は本当に効果的なものかどうか？」が正確かつ具体的にわかるのです。

設定すべきKPIはビジネスごとに違う

　ここまで産業が成熟してくると、キーとなるKPIは各業界に必ず存在します。同じような業務内容だと求めたい数字はある程度似通《にかよ》ってきます。それらが各業界で蓄積されていって、KPIも洗練されていきます。

　小売店であれば来店客数や来店率、美容院であれば稼働率や紹介数など。他にも営業部門であれば新規顧客獲得数や訪問件数、製造部門であれば1日あたり生産高や稼働率、欠品率などが挙げられます。

　その一方で、販売形態や顧客の属性・取扱いカテゴリーなどビジネスは多種多様です。オンラインで販売するのか、はたまたオフラインで販売するのか。これらの要素を考えるだけでも、設定すべきKPIが違ってきます。例えば、アマゾン上でも、お客様のニーズが異なるので、**基本のKPIに加え、そのカテゴリー独自のKPIを設定しトラックしている**のです。

　マネジメントの教科書を読めば、いくつものKPIが並んでいるのですが、それらを安易に選択してはいけません。**自分たちのビジネスに合致するのか、しっかり見極める必要があります。自分たちのビジネスのＫＰＩを見つけていく**のです。

キーとなるＫＰＩを見つける道しるべ

では、実際にどのようにしてＫＰＩを見つけていくのか？　その道しるべとなる材料は、ＰＤＣＡに関わってきます。ビジネスをするにあたって、**仮説を立てるのが重要**なのです。

例えば、アマゾンでジュエリーをスタートしたときのことでした。在庫率も価格帯も良いのに、売上が伸びないことがありました。この原因を考えたとき、ジュエリーは他のカテゴリーとは異なり、**「自分買い」が少ないと気づいた**のです。「自分買い」でなければ、何のために買うのか。言わずもがなですが「ギフト用」です。

日用品や家電などと比べ、ジュエリーは「ギフト用」として購入する可能性のほうが高いわけです。

であれば、**オンラインでいかにギフト用のジュエリーを買いやすくするかがキー**だと仮説を立てたのです。その後は、その仮説のもとでラッピングの無料化などのサービスを考え、それを実施した場合、ギフト需要が何％増え、売上が何％増えるのか予測するのです。

「ギフト買いがジュエリービジネスのキーだ」ということであれば、当然、そのギフト買いに適するように、全体のエグゼキューションも変化します。ラッピングを無料にするだけだと、当然、今、アマゾンでジュエリーをギフトで送ろう、と検討している人の効果から見込まれる分の需要しか増えません。であれば、「ジュエリー　品揃え　たくさんあります」といったキーワードを記載していた広告を「アマゾンならギフトラッピング無料」に変更して、広告での訴求性を高くする、といったことが考えられます。

そうすると、広告効率も良くなり、ラッピングを無料にした以上の効果を得て、売上も伸びてきます。そして、その結果、ギフトラッピングが1つの大きなインプットアクションになり、このギフトラッピング利用数や利用率といったKPIを設定していくのです。

そのビジネス特有のお客様の行動を見極めて、そこに対してKPIを設定していくことが重要なのです。本のKPIとジュエリーのKPIが変わるのは、お客様の行動が異なるからです。

キーに気づいたらKPIを変えていく

偏見も思い込みもなくお客様の行動を見ていくことによって、キーはどこにあるのか気づきます。

そして、それを仮説として行いながら検証する体制もとって、KPIを追加・変更していく。文字どおり「Key Performance Indicator」なので、全体のエグゼキューションをKPIに合わせて変えていく。さらに、新たな仮説でKPIを追加・変更していく。**仮説と検証を繰り返すと、設定すべきKPIは自ずと見えてきます。**キーとなるKPIが見えたら、その数字がいかに向上するかに注力します。

シューズ・バッグの例で言えば、**キーは返品率**にあります。**高価格帯の商品は返品率が高いほうが売れる傾向**にあります。高価格なので購入をためらうわけですが、返品OKなので、思い切って買えるのでしょう。もしも「想像していたものと違う」と思っても、そのときは返品すれば良いのですから。

返品は一般的に言えば残念なことではありますが、**返品率の高さは多くの人の食指が動いた結果**であり、そうしたものが結果的には売れていきます。

そのため、**「シューズ全品返品無料」を前面に打ち出す**ことで、売上が伸びていくのです。

刺さる内容は商品ごとに違う

しかし、シューズ・バッグで返品率がキーとなるからといって、本でも同じKPIがキーとなるかといえば、そうではありません。

本で「返品可能」がキーになるかと言われたら、違いますよね。本を買うときに「返品可能」と言われてもお客様には刺さらないでしょう。価格帯がシューズやバッグと

10倍、20倍以上も差があるわけで、買ってみてダメだったらどうしようとは、そこまで考えません（中古でも比較的売りやすい商品ですし）。それよりも、**商品の到着スピードが速かったり、シリーズ全巻が揃っていたり、といった内容のほうが刺さる**はずです。

お客様が商品を買うとき、**どんなサービスがあれば購入のハードルが下がるのかを考える**のです。

KPIは変え続けなくてはいけない

「KPIの設定」は、一度行ったら終わりではありません。マーケットやお客様のニーズ・行動はどんどん変化します。ですので、**いつまでも同じ指標でビジネスをしていてはいけません。**

仮に、高額品は送料無料で販売している。もしくは、本体価格が市場より安価に設定しているので、送料は有料でも十分にバリューがあると考えていたとします。それは当時のお客様の捉え方であったり、競合他社と比べてバリューがあっただけであって、今ではそのように評価されていないかもしれません。

定期的にＫＰＩの設定を行い、前回は起こらなかった現象に直面することで、キーとなるものに気づけるのです。硬直化してはいけません。ＫＰＩだからこそ、常に見続けていく必要がある。**お客様の行動は変化し続けるもの**なのです。

「電話対応のほうがコストは低い」という発見

立ち上げの頃、米アマゾンのカスタマーサービスは電話対応に注力していませんでした（余談ですが、日本でアマゾンのサイトがオープンしたのが２０００年11月ですが、日本でもカスタマーサービスセンターが開設されたのは翌年の１月。つまり、２カ月間は電話対応なしだったのです）。

その当時は、アマゾンのカスタマーサービスの電話番号は、見えづらい場所に表示してあり、主にメールでのやり取りがメインでした。「電話をかけてほしくないから、わざと見えづらくしているのではないか？」と揶揄《やゆ》されていましたが、その揶揄は〝ほぼ正解〟で、「メールの方がお客様の問題を解決するのに時間が短いから（＝アマゾンにとってもコストがかからないから）」という理由でした。私が立ち上げに携わったJavari.jpでは、アマゾンとの差別化で、電話番号を逆に目立つところに表示する、ということをしているぐらいでした。

しかし、データを分析していった結果、**「メールよりも電話のほうが、お客様のカスタマーサービスに対する満足度が高く、さらにコストも低い」**と気づきました。メールだと1回では終わらないやりとりを、電話であれば、やり取りの中で解決策を見出し、1回で終わらせることができたり、その場でお客様の不満を解決できるため、結果的に対応時間が短くて済むのです。その後、チャットも導入していますが、電話と同様に、その場で物事が解決されます。

対応時間が短くて済み、お客様の満足度も高いと判明して、かつコストも安く、メールから電話対応・チャット対応がわかりやすく表示する形式に変わっていったのです（サイトのエグゼキューションも電話やチャットを勧めるようになりました）。

これも、**それぞれの業務を数字で把握し、ＫＰＩを見続けた結果、導き出された答**

えです。一般論として、電話によるカスタマーサービスセンターはコストがかかりそうな印象もあり、「仕方なく」という気持ちで運営している企業も一部あるでしょう。しかし、そうした**先入観をなくし、検証すると新たな発見がある**というわけです。もしくは、圧倒的に顧客満足度に差があるけれど、コストの問題で導入できない、ということであれば、徹底的にコストを削減するには何ができるか、または、この顧客満足度の差がビジネス全体にどういう影響を及ぼしているのか（顧客のライフタイムバリューなど）を見て、導入を判断する、というプロセスも必要です。

ビジネスにおいて、「ブレるな」といったことが喧伝されたりもしていますが、一度決めたからといって、何年後もそのままで良いわけではありません。**常にお客様を見て、大事にすべきポイントを汲《く》み取る必要があります。**

これまでないがしろにしていたことが、検証の結果、実は大事なことだと気づいた——それは大きなチャンスです。躊躇《ちゅうちょ》せずに変えていきましょう。

KPIには「アウトプット」と「インプット」の2種類がある

ＫＰＩには、大きく分けて**アウトプットとインプットの2種類**があります。

アウトプットＫＰＩは、売上、利益、顧客数といった、結果のＫＰＩです。それに対してインプットＫＰＩは、そのアウトプットを出すためには、「何をすればいいか」という**具体的なアクション**のこと。例えば**「取引先を増やすには何件営業をするか」といった数字**です。

アウトプットのＫＰＩは、どんな企業・事業部にも常に存在します。売上・利益、会員数、出荷件数、開発件数など、企業である以上存在します。

事業計画を立てるときに、ＰＬ（損益計算書）を作成しますよね。ＰＬを作る際は、アウトプットＫＰＩを作ります。そして、そのアウトプットＫＰＩを達成するには、何のアクションが必要であるかを考え、そのアクションのプランも一緒に作っていくのです。そのプランがインプットＫＰＩとなるのです。

私が現在行っているジュエリー使い放題のビジネスであれば、売上は、会員数とお客様の継続率によって算出できます。これはアウトプットのＫＰＩです。では、会員数を増やすために何をすれば良いのか、また継続率を高くするために何をすれば良いのでしょうか。まず品揃えを増やすのが、アクションの1つと考えられます。例えば、会員数の目標を1年後に１０００人とします。この**１０００人の会員が使いたいと思うような品揃えにするには、何がどれくらい必要なのか、といったプランを立て、ＫＰＩとする**のです。他にも、**在庫数や会員獲得のためのマーケティング**も、インプットＫＰＩとなるでしょう。

このように、実際にビジネスを回すときに、どのようなアクションが必要なのかを考え、それをインプットＫＰＩとするのです。ビジネスがスタートしたら、そのインプットＫＰＩをどんどん検証して、アウトプットのＫＰＩとどのように連動するのかを見る。何かを実践してもインプットＫＰＩとアウトプットＫＰＩがうまくかみ合わなければ、それは誤りなのです。その場合は、インプットKPIを見直さなければなりません。

アマゾンでもインプットKPIの取り方には試行錯誤

後述しますが、小売のインプットKPIは、品揃え・在庫率・価格になります。アマゾンでは、これらをもとに事業計画を立てています。新規ビジネスの場合難しいのは、何が「正しいインプットKPI」なのかを見つけるところ。アウトプットKPIに影響がなければ、正しいインプットKPIではない。その場合、そもそもデータの取り方が合っているのかを検証し必要に応じてデータの取り方を変える、もしくは、インプットKPIを見直すことが必要です。どのように正しいKPIを見つけるのか。その際、大事なのは、**お客様の視点から見直すこと。** 実際に、同じアマゾンの中でも、カテゴリーが違えばそのKPIを変えなければならないことがありました。シューズを担当していたときに気づいた「在庫率」の考え方です。

「在庫率」は、アマゾンにおいて一番大切なインプットKPIの1つで、どのカテゴリーも同じ基準で算出し管理していました。それぞれの商品にどれくらいの閲覧回数があり、そのうち「在庫があり即出荷ができる状態」だったときの閲覧回数の割合がどれくらいだったか、と算出します。例えば、ある本が10回の閲覧回数がありました。そのうち9回の閲覧回数が「在庫があり即出荷ができる状態」であれば、在庫率90％となります。

シューズでも、スタートしたばかりの頃は、他のカテゴリーと同様の在庫率の取り方をしていました。しかし、在庫率を見てアクションをとっても、結果が出ない。なぜだろう、と考えた時に、**お客様の閲覧方法の仕方の違い**に気づいたのです。アマゾンの商品は、基本的に単品売りで、バリエーションがあってもサイズに応じて価格が変わります。従って、個別商品の閲覧数はページの閲覧数。しかし、シューズは、1つのモデルに対し、色展開やサイズ展開が多く、個別商品の閲覧数とページの閲覧数が大きく異なります。

例えば、お客様がアディダス社製のシューズ「スタンスミス」を探しているとします。まず、「スタンスミス」を閲覧し、次に色を閲覧し、サイズを決めます。もしくは、どのサイズが合うかわからない人であれば、サイズが異なるものを買って合わなかったほうを返品します。また、サイズを指定してから、色を決める人もいます。したがって、シューズの在庫率は、このような閲覧をすべて考慮しなければならないのです。他のカテゴリーと同様に単品の閲覧数と在庫率だけを見ていても、実態とかけ離れてしまうのです。

お客様の行動が他の商品とは異なると気づき、私たちは在庫率の取り方を変えました。すべての閲覧数を在庫率に反映するようにし、**「スタンスミス」というモデルの在庫率がどれくらいなのか、そして、色別の在庫率、最後に単品の在庫率がどうなっているのかを見るようにしました。**単品の在庫率だけ見てもわからなかったことが、お客様の視点を把握した在庫率に変えると、アクションもとりやすく、売上にも貢献できるようになりました。

同じメトリックスでも、商品が違うと数字の取り方も異なるのです。

小売では、価格、在庫率、品揃えが共通する3つのKPI

新規事業のアイデアができて、こういうプランで、何年後までにこうなると未来図を描いてスタートしたときに、キーとなるインプットKPIというのは、多くの場合、ある程度仮説をもとに始めると思います。

始めはキーとなるKPIを3つ程度に絞り、その3つのKPIで達成したい数字を決めて、それを必ず取るようにしようと努めると良いでしょう。

なぜなら、新規ビジネスを立ち上げてからの3年間は、そんなに多くのことはできないからです。また、いろいろと数字を見すぎると、かえって現状を把握しにくくなってしまう事態にも陥ります。なので、3つに絞るのが非常に効果的といえます。

実際、アマゾンも大量のＫＰＩを設定しているわけではありません。たくさんの数字の中から**「品揃え」、「在庫率」、「価格優位性」**などに絞って見ています。

私たちのスパークルボックスでも**「品揃え」、「スタイリングの満足度」「お客様の手元にジュエリーある率」といった独自のＫＰＩを設定**していますが、これらは今後変わっていく可能性があります。

まずは3つを選び、その3つの数字が向上したら、さらに対象とするＫＰＩを増やして展開していってもいいのかもしれません。

例えば、小売でいうと、絶対に必要となるＫＰＩは「価格」、「在庫率」、「品揃え」です。この3つを徹底する前に、大きな広告を打って売上・利益を上げようとしても意味がありません。

適正な価格を知る

まず、価格をどのように設定すべきか。

そもそも「価格が安い」というのはイコール「値段が安い」と同義ではありません。

それよりも正確なのは**「期待していた以上のバリューをお客様が感じてくださっている」**という表現です。アマゾンでも「どこよりも安い値段設定」というより「適正な値段とサービス（例えばお急ぎ便無料など）」で、お客様にバリューを感じていただくことを心がけています。

この「バリューを感じられる（お得感がある、という感覚）」は非常に大事で、物の質とサービスの内容が、支払う金額より、高いもしくは見合っている、ということがお客様に納得していただけるのです。アマゾンの中古車販売でいえば、手続き費用など「中古車を買うのに必要な諸々の経費込みで○○万円」というのが、サービスにふさわしい価格だったということです。

とはいっても、適正な価格の設定方法は難しいものです。自分のビジネスで生じるコストを積み上げて算出した価格が、お客様にとって、そしてマーケットにおいて適正な価格かと言われたら、必ずしもそうではありません。

そうなると、まずはマーケットでの適正額を知る必要があります。では、スパークルボックスの価格は何が適正なのか。同様のサービスがない中、どのように価格設定するのでしょうか?

スパークルボックスの設立は2015年ですが、当時、日本の有料放送の先駆けとなったWOWOWが月額1500円でサービスを提供していました。放映中のコンテンツ見放題で月額1500円が受け入れられているのであれば、スパークルボックスはもの自体がお客様の手元に届くので、月額2500円までであれば適正だろうと、**「異業界ではあるけれどサブスクリプションという意味では共通点のある他社のサービス」の価格を基準にアタリをつけました。**

月額2500円より高くなると、よほど高額な商品がなければ利用しないだろう、定額であればどこまでがお客様の支払える範囲なのだろうか、そして、ユーザーインタビューなどで確認して決めた結果です。

KPIは、アタリをつけた価格が適正かどうかを判断する材料となります。

例えば、通販で送料を無料にするか否かを考えるときに、送料無料キャンペーンを行ってその結果売上がどのくらい伸びるのかを見る。送料を無料にするというのは、通販にとってはワンウェイドア。あくまでキャンペーンとして実施して、もし、売上があまり変わらないのであれば、送料別というのは適正価格だったというのがわかります。

そうとわかれば、送料無料にする理由はありません。従来の価格体系で進めていこうと考えるわけです。

品揃えは絞るのも1つの手

品揃えをすべてにおいて広げるのは、簡単なことではありません。難しい場合は、多様な品揃えでなくても、例えば**自社で人気のあるカテゴリーがあれば、そのジャンルだけはとことん品揃えを幅広く持つ**ということも可能です。品揃えだけに限らず、すべてで、初めから完璧を目指すのは難しいし、それこそリソースも分散されてしまう。また、管理も難しい。セグメンテーションやカテゴライゼーションをして、その中で重要なセグメント・カテゴリーにフォーカスする。そうすると、チャレンジしやすくなります。全体のＫＰＩではなく、セグメント・カテゴリーでＫＰＩを設定し、そのインプットKPIにフォーカスするのです。そうすると、そのセグメント・カテゴリーのお客様満足度が高くなり、集客もしやすくなり、売上も上がるでしょう。1つのセグメント・カテゴリーが目標達成したら、次にいく。結果として、長期的に大きく成長できるようになります。

例えば、スパークルボックスで、イヤリングが人気のカテゴリーだとします。そうするとイヤリングの品揃えを徹底的に増やすのです。どのお店よりも多い品揃えをイヤリングだけは持つのです。そうすると、イヤリングを探しているお客様にとって（仮にレンタルをしようとしているお客様でなくても）、スパークルボックスの品揃えは魅力的に見えます。それが集客につながり、売上につながるのです。それができたら、次のカテゴリーである、ピアスやネックレスに行くのです。

また、在庫率の例もあります。新型コロナウイルス感染拡大の時期には多くの人がマスクを購入したいけれど、欠品していてなかなか入手できないですよね。このような現象は往々にしてあって、急に必要性が高くなったものは手に入りにくくなります。

この状況は決して特殊なものではなく、往々にして起こります。人気の商品ほど手に入らない、メディアで紹介されてお客様が殺到した、などです。

そこをいかに速く購入して、納品してもらうか――**そこでは取引先との関係も大切になってきます。**

「欠品率を下げる」と一言で言っても、実現するのは簡単ではありません。扱うセグメント・カテゴリーを絞ることで欠品率を下げるというのも１つの手でしょう。

小売以外の例を挙げると、出版社にも品揃えがあります。品揃えを確保するためには、人気の著者をいかに、どのくらい自社から出版してもらえるか、全国の書店にどのくらい配本できるかなど、小売とはまた違う要素が必要になります。アマゾンの本のビジネスのＫＰＩと出版社の本のビジネスのＫＰＩは、品揃えという意味においても異なるのです。

次項で、それをどのように見つけるのか述べていきます。

独自の「インプットKPI」は何か見つけること

同じオンラインショッピングサイトでも、サイトの特性が異なればKPIも当然異なります。

一般に、サイト運営においては（そしてオフラインの店舗でも）、滞在時間を長くしようという試みがなされることが多いかと思います。いかにお客様に長居してもらうか。そのためにいろいろな機能を用意したり……、といった具合です。

しかし、アマゾンはお客様に利便性を提供している会社なので、お客様のアマゾンでの滞在率（滞在時間）は短ければ短いほうがより良いのです。つまり、アマゾンのサイトを開いてから目的の商品を購入するまでの時間が短ければ短いほど、利便性が高いと判断できます。

反対に、滞在率がすごく長いと「すぐに商品を見つけられない＝サイトに問題があるのではないか」という思考が芽生えるわけです。また、サイトが重くて時間がかかっているのではないか、という仮説も立てられます。

サイトで異なる「滞在率」の考え方

一方、現在、私が運営しているスパークルボックスのサイトは、滞在時間がとても長くなっています。スパークルボックスのお客様は、ジュエリーが大好き、というお客様と、ジュエリーの選び方がわからない、というお客様がいます。前者のお客様は、毎週入荷される新作を楽しみに、眺めたり、レンタルしたいものリストに入れたりするのに時間がかかり、後者のお客様は、ネックレスの長さガイドや顔型別ピアス・イヤリングの選び方などを参考にされています。

アマゾンのサイトでは、商品選びに時間がかかっていたら利便性が低いと判断されます。**しかし、スパークルボックスの場合はジュエリーと出合う楽しさや、たくさんある商品から自分に合うものを選ぶ楽しさを与えるのがコンセプトなので、それで利**

便性が低いから良くないとは判断はしません。

実際に、**サイトの閲覧時間が長いお客様ほど、サービスの継続利用率が高いという結果が出ている**のです。その点を踏まえて、サイトの滞在率が高くなるよう、リッチなコンテンツを提供するようにしています。

KPIが異なる理由

滞在率を長くしようとしてよく取られる手法が、サイト内のコンテンツを充実させることです。

アマゾンでコンテンツを作っても、お客様はそうした情報をアマゾンに求めているわけではないので、数多くの方がコンテンツを読んでいる、というわけではありません。しかし、スパークルボックスだと、前述の選び方の記事や、結婚式に出席する場合のジュエリーの選び方などの記事が、非常によく閲覧されています。

そのため、コンテンツとして「スパークルボックスマガジン」を始めたり、サイトからすぐにインスタグラムに飛べるようにするなど、コンテンツリッチなサイトにしていくほうがお客様に喜んでいただけます。

再三ですが、同様のコンテンツ・マガジンがアマゾンに必須かと言われたら、必須ではありません。アマゾンでは、コンテンツをリッチにすることに注力するくらいなら、商品がいかに速く届くかなど便利さに力を入れたほうが合理的なのです（もちろん、アマゾンは常に現状に満足せず改善していく企業なので、いかにコンテンツがサイトに貢献していけるのか、絶えずＫＰＩを持って行っており、コンテンツもより良いものを開発しています）。

アマゾンはジュエリーも販売していますが、先述したように**アマゾンのジュエリーはギフト需要が多い**のです。そうすると、母の日やバレンタインデー、クリスマスといった大事なイベント時には、必ずギフトの送料は無料、かつその日までに必ず届く、といったエグゼキューションになってくるわけです。

一見、非常に似ているビジネスであっても、実はＫＰＩが大きく異なっているのです。

大事なのは「走りながら」オリジナルのインプットＫＰＩを見つけること

アマゾンに限らず、バイヤーという職種はマニュアルワークが非常に多いと思います。それをどう工夫したら取引先も自分も楽になれるのか、自分が仕入れた商品をお客様にわかりやすく伝えるにはどうすれば良いのかなどということを念頭に置いて、バイヤーは働くのです。

つまり、**常にパフォーマンスゴールを設定しながら働く**わけです。

ゴールをＫＰＩで設定して、かつインプットＫＰＩで設定して、そのインプットＫＰＩの達成度をしっかりと評価していくというプロセスを踏むことで、それぞれの社員の目標の管理と、企業の目標管理が同時にしやすくなるのです。

「パフォーマンスゴール」という言葉が出てきましたが、新規ビジネスにおいてそれそれを設定するにあたって、会社や上司の意向が絡んでくる場合があるでしょう。しかし、**アマゾンではパフォーマンスゴールを決めるのは全体のトップではなく、それぞれの担当者がオーナーシップを持って決める**のです。しかも、売上といったアウトプットゴールだけでなく、インプットゴールも決める必要があります。もちろん、適切なゴールを決めるのは難しいことでもあるので、**もし社員がゴール設定に迷ったり、高すぎる・低すぎるゴールを設定した場合は、マネージャーがサポート**します。

例えば、事業責任者が今年の売上、つまりアウトプットゴールを１００億円に設定したとしましょう。すると、そのゴールを達成するためには、品揃えや在庫率や在庫の回転率やカスタマー体験といった、各セクションで、そのアウトプットゴールを達成するための、インプットゴールを決めなければなりません。そして、そのインプットゴールを達成するために、既存のやり方だけでは達成できない場合、新しい動きを考えなければなりません。

例えば、アパレル部門でウイメンズのセレクションにブランドを獲得できない問題があるとしましょう。その問題を解決するためには、新たな仕組みや機能を取り入れなければなりません。それがインプットゴールとなるのです。

インプットゴールをどう作るか

新しいビジネスとは、今までの既存のビジネスの枠組みから外れたものは当然として、既存のビジネスの延長で、それが例えば、売上が急激に伸びる事業も「新しいビジネス」と捉えて大丈夫です。

そうしたビジネスにおいて、「パフォーマンスゴール」すなわち「アウトプットゴール（KPI）」と「インプットゴール（KPI）」を設定していきます。

誰かひとりで決めるものでもなく、会社や上長の決裁が絡んでくるわけですが、アマゾンでは、パフォーマンスゴールを決める際、必ずしもトップ以下がブレイクダウンして決まるわけではありません。

原則としてアウトプットゴールは事業責任者が持つわけですが、**何が必要なのかが不明なまま「アウトプットゴールを達成せよ」と言われても、部下は頑張り方がわからず、達成は当然不可能。**ですから、必ずアウトプットゴールに結びつくインプットゴールを作る必要があります。

では、アウトプットゴールを達成するために必要な要素であるインプットゴールはどのように作るのでしょうか？

1つひとつ問題を解決していく

例えば、事業責任者が「今年は100億円の売上を作ります。利益は○○円です」とアウトプットゴールを設定したときに、インプットゴールを作るのは、その事業のチームのメンバーたち。あくまで、事業責任者ではなくメンバーが作るのが大事なのです。

例えば、目標は売上100億円のビジネスだとして、計画を大きなトラブルなく進めれば80億円はいくと考えます。すると、20億円は何か新しいことをしなければ達成しません。

そのために、そのチームの人たちは何をどのくらいインプットするか――インプットゴールを考えていくわけです。

例えば、アパレルであれば、そのゴールというのはセレクション。アマゾンで販売してくれるブランドをいくつ獲得して、そのブランドから、どれくらい商品を出してもらって、どれくらいのセレクションをお客様に提供するかのプランを作ります（インプットゴール・ＫＰＩ）。

次に、ウイメンズアパレルはブランドが取れない問題があったとして、セレクションのゴールを達成するためには何か新たな仕組みを入れないといけない、新たな機能を入れなければいけない、と考えます。

もしくは、マーケットで人気の商品を、アウトプットゴールを達成できるだけの在庫量を仕入れているとします。「マーケットでは人気でこんなに売れているのに、アマゾンのサイト上では売上がなかなか立たず消化率がとても悪い」という商品について、「それはなぜか?」と考えてみます。

検討の結果、サイト上での見た目が悪いから、という理由に至ったとします。さらに「サイト上の見た目が悪いのはなぜか?」と深掘りしていくと、モデルの洋服のスタイリングが悪いという仮説ができました。それを改善するプロジェクトをチームとして作ります。つまり、**「洋服のスタイリングを改善する」ことを目標に入れる**わけです。テストで１００着程度、新たなスタイリングで撮影します。新たなスタイリングで撮影した商品と、今までのスタイリングで撮影した商品の売上に優位な差が見られます。

すると、必要なことが見えてきます。**モデルの撮り方をすべての商品で変えるとなると、量的に考えれば新しいスタジオを作ったほうが効率的かもしれません。**加えて、一定期間拘束できる、アマゾン専用のモデルを囲い込もうとなります。

そうすると**「スタジオを作り、モデルを雇う」という新規ビジネスのアイデア**ができ上がり、実際の検討要素となっていくのです。

こうしたプランによって得られる売上やお客様の満足度などが、投資以上に高いものとなることが見込まれるのであれば、それは新規ビジネスとして別途、立ち上げていくプロジェクトと言えるでしょう。

インプットKPIを見つける上で大事なのは「カスタマーイン」の視点

ＫＰＩもある程度達成していて、お客様に商品が十分に行き渡るほどの品揃えもある。そこそこの人気もある。であるにもかかわらず、売上が伸び悩んでいる場合、お客様の視点をさらに細かく見ていきましょう。

例えば、スパークルボックスではジュエリーをレンタルしています。ジュエリーを装着する機会といえば、結婚式などのパーティに参加するときです。ですので、パーティ用の品揃えとして数を揃えたとしましょう。

しかし、お客様のニーズは、パーティ用ではなく会社につけていく用のジュエリーだとしたら、品揃えとニーズが合っていません。なので、インプットメトリクスを達成しているのにもかかわらず、アウトプットが結果として見えてこないときには、一度お客様の視点に戻って考え直してみましょう。

ゴールは与えられるものではない

ここまで、インプットKPIについて述べてきましたが、ここで今一度お伝えしておきたいのは、ゴールは与えられるものではないということです。

会社によって、ゴール設定の仕方はまちまちですが、どの事業責任者も売上と利益のアウトプットゴールはあるはずです。そして、それを自分とチームが達成するためには、どうすべきか。日々KPIをトラックしていれば、「ここを改善すれば利益率が向上する」、「この売上を達成するには何か新しいことをしなければならない」もしくは「この目標は、マーケットから考えると低い。自分たちはもっとできるはずだ」といったビジネスの課題がわかるはずです。チームの責任者としては、それを考えて示す責任があります。そして、チームと一緒にインプットゴールを考えて、さらにそこから新たなビジネスを考えていきます。

アウトプットゴールを達成するために、インプットゴールを設定するような仕組みとしていき、さらにそれを自分たちで作れば、上から与えられたゴールではなくなります。**自分の手掛けるビジネスをいかに大事にするか？**　ゴールはあらかじめ与えられているものではなくて、自分で創っていくものです。

その中に新規ビジネスが入っているというような仕組みができれば、毎年同じビジネスの延長で売上が前年比で5パーセント伸びた、あるいは5パーセント減った、といった**数字の上下に一喜一憂するようなことはなくなります。**

いわば「ビジネスが進化し続ける仕組み」ができていくと思っています。

PDCAを高速で回しながら、インプットKPIを見極める

最近は、PDCA（Plan→Do→Check→Act）の回転の速度が速くなっています。

ベンチャー企業やスタートアップの会社では「もはやPlan（計画）すら必要ない」と言われることも多いようですが、計画はやはり必要です（もしくはPlanとDoを同時平行で行う、ということです）。

というのも、プランを練ることで仮定が生まれるわけです。なので、計画をないがしろにしてしまうと、どのような仮定のもとでプランを立て、検証するのかが見えず、追うべきKPIがわからなくなってしまうのです。逆に、KPIが正しいかを見つけるためのプランとも言えるでしょう。

ビジネスや会社の規模によって異なりますが、ＫＰＩはウィークリー（週単位）で見ていきます。もちろんデイリー（日単位）で見ることも必要ですが、それを1週間経ったときにもう一度振り返って、正しいＫＰＩだったのか、それともまだ判断できない状況にあるのかを確認します。

データが蓄積されないと見えない部分があります。まずは、しっかりデータを蓄積する。その上で「因」と「果」に分解し、分析する。

そして、**因の中でカギを握っている箇所を見つけることが大切**です。そうすれば、「次のステップで何をすべきか？」の課題も見つけやすいはずです。

「これだけやっていれば売上が上がる」というビジネスはない

例えば、オンラインドラッグストアのビジネスを始めるとしましょう。ドラッグストアであれば、同じものを定期的に買う、というお客様が多く、定期購買などのサービスが必要になってきます。すると、小売の基本ＫＰＩである、価格、在庫率、品揃えの3つだけでなく、付随の要素として定期購買率や定期購買の継続率などを仮説・

検証する必要があるわけです。もしくは、3時間配送などのプレミアムサービスが必要かもしれません。となると、その利用率はどれくらいか、などのKPIを見る必要があります。

もし、今の会社で事業を拡大するのであれば、今のビジネスのKPIに加えて何が必要になるのかを見れば良いのです。オンラインとオフライン1つとっても異なるので、異なるメトリックスを持たなければなりません。取れるデータの範囲も見つけるべきキーも違います。

Chapter

6

Start with Customers!

中小企業の
新規ビジネスの作り方

お客様本位の〝哲学〟がやり切る力を与えてくれる

この第6章では、私がアマゾンを退職後に起業した体験を例に「中小企業の新規ビジネスの作り方」を解説していきます。なぜならば、「アマゾンで得た学びの中で、特に新規ビジネス立ち上げに役立ったことは何だったのか？」をわかりやすくお伝えできることが最大の理由ですが、一方で「アマゾンの学び〝だけ〟では足りなかった部分もあり、それは何だったのか？」もあわせてお伝えしたかったからです。

第3章などとの重複にもなりますが、あらためて強調したいのは「HOW」に固執しないことです。逆に言えばビジョン、つまり「WHY」が明確になっていないと、「HOW」を変えることは難しいということでもあります。

私はアマゾンで「わかりやすさ」、「短期的利益のために長期的利益を犠牲にするな」、「サービスの根幹を良くすることに注力せよ」といったことを学びました。こういったお客様本位の〝哲学〟は、リソースの限られる中小企業の新規ビジネスに「やり切る力」を与えてくれます。そして、スタートの段階から当事者意識を持ち、外部に頼らず、まずは自らリサーチをするということも非常に重要です。

「HOW」ではなく「WHY」を大切にせよ！

「HOW」(手段)は基本的に変わるものと心得よ
「WHY」(ビジョン)に忠実であれ！

↓

成功が見えないときほど「WHY」(ビジョン)に立ち返る

アマゾンで得た私の学び

すべてはお客様のために……

・わかりやすくせよ
・短期的利益のために長期的利益を犠牲にするな
・サービスの根幹を良くすることに注力せよ

アマゾンでは体験できなかった学びもある

ベンチャー投資家は何を見ているのか？

立ち上げから軌道に乗るまでにどんな波乱が生じる可能性があるのか？

中小企業が大企業に駆逐されずに成功する秘けつは何か？

↓

当事者意識を持って始め、
ビジョンや哲学を忘れずにやり切る

スパークルボックスとはどのような会社か

ここまで度々、私が立ち上げた会社を例として取り上げてきましたが、もう少し詳しく会社のことやサービスの内容をお話ししておきましょう。

私が代表取締役CEOを務めるスパークルボックスのサービス開始は、2015年9月。アマゾン時代の同僚であった伊藤麻実とともに立ち上げました。

ジュエリー・アクセサリーの使い放題のサービスを提供し始めた当初は、月額2500円（税抜き・以下同）に設定していました。現在はそれぞれ月額でスタンダード3000円、レギュラー5800円、プレミアム9800円、ロイヤル1万8800円のプランを提供しています。月額5800円のレギュラーコースが一番人気で、1回あたり1~3点、合計で30万円分を上限に借りられます。

1回あたりに借りられる点数はいずれのコースも1～3点で、同じです。3点（もしくは借りた点数）を同時に返却し、返却後に再度（何度でも）新たに借りることができます。また、借りたジュエリー・アクセサリーの中から買いたいものがあれば、購入も可能です。

この「借りた後に気に入れば買える」というサービスは、当初から想定していたわけではありませんでした。一応、購入可能のニーズがどれくらいあるかはわからないが、購入も可能にしておこう、というくらいのイメージでした。

なぜかというと、ジュエリーは洋服ほどシーズンによって流行が変わることはないのですが、小売業にとって在庫は、あればあるほど財務上、厳しくなります。そのため、「購入する人がいればいいいな（その結果として商品が動くといいな）」くらいの意図です。購入を前提としたビジネスで在庫を持つのは避けたいと思っていました。

「使ってみたら欲しい人もいるよね」と考えてやっていましたが、この購入サービスを開始すると、ご購入されるお客様が想定より圧倒的に多かったのです。

また、始めてみて、お客様に2つのタイプがあることがわかりました。

1つは**「買いたいから借りている」**という人と、もう1つは**「レンタルだけしたい」**という人です。前述のアクセサリーが大好き、という人と、アクセサリーの選び方がわからないのでレンタルしたい、という動機の結果です。

両方のお客様のニーズを満たしたいため、よくお買い求めになってくださるお客様の購入率を上げる、もしくは、購入率を促進するために、全体のエグゼキューションを変える、というのは行っていません。あくまでもレンタルで、気に入ったものがあれば、買える、というサービスです。もちろん、定期的にお客様の反応を見るため、割引率が高くなるプロモーションなどは行っています。

お客様が満足して利用を止めるなら、かまわない

財務上は良い結果にもなるので、「お客様が購入する率」はもちろんトラックはしていますが、それを上げるといったことをインプットKPIにしてはいません。お客様のニーズが2種類ある以上、「買うか」「買わないか」は、私たちが選ぶことではないと思っているからです。つまり、「お客様が購入する率」は私たちにとってはアウ

トプットKPIなのです（もちろん購買してくださるお客様のために、より買いやすくするための機能改善は行っていますが）。

実は、ジュエリー・アクセサリーを買った後に、月額サービスの利用を中止するお客様もいます。満足するジュエリー・アクセサリーが見つかったから、以降サービスを継続する理由がなくなったのでしょう。でも、私はそれでいいと思っています。

アウトプットKPIの継続率だけを伸ばしていこうとすると、「購入サービス」は不可としたほうが良いのは、このデータから推測できます。

しかし、一方で、この場合においてサービスの利用中止はサービスに満足できなかったからではありません。お客様が本当にほしいと思うジュエリー・アクセサリーに出合えたから利用を中止しているのです。

お客様が十分に満足した結果であれば、無理に継続していただかなくても良いですし、お似合いになるジュエリー・アクセサリーに出合えて、買って、それで満足できれば嬉しいことだと考えています。

実際、購入されたお客様の中でも、再びサービスを利用してくれる人もいます。それこそシーズンごとにサービスの利用を再開されるお客様もいらっしゃるので、「買う」ことについては、ビジネスの戦略上「買ってほしい」とも、「あまり買わないでほしい」とも考えていません。

Amazon's innovations- starting with customer

新規事業の際に生かしたアマゾンでの学び

私は、2002年にアマゾン ジャパンに入社し、12年半にわたって新規ビジネスの立ち上げ・運営を行ってきました。そして、2015年に先ほど述べたスパークルボックスを設立しました。

ここでは、新規ビジネスの立ち上げに際して、私が生かしたアマゾンでの学びをお話ししていきます。

「HOW＝手段」ではなく「WHY＝ミッションやビジョン」を大切に

時流に乗ったサービスを行うというのは一見魅力的に思えます。しかし、他社がやっているから自社でもやる、流行しているから大きく成長するのではないかと思ってやる、という考え方では失敗します。

近年、サブスクリプション（一定期間、利用可能になるサービス）がビジネスのキーワードの1つになっており、スパークルボックスもサブスクリプションサービスなので、サブスクリプションを自社でも取り組んでみたいという相談をよくいただきます。

ところがよく聞いてみると、別にサブスクリプションである必要はないのではないか、というものも多いのです。なぜサブスクリプションなのかを突き詰めないと、絶対に失敗します。

サブスクリプションは「HOW＝手段」であって、「WHY＝ミッションやビジョン」ではありません。この考え方だと、なぜ、サブスクリプションのビジネスをやるのかに対する答え、すなわちビジョンは「他社がやっているから」です。そんなビジョンでお客様の支持を得られるかは、言わずもがなです。

成功が見えないときはビジョンに立ち返る

新規ビジネスが失敗する理由は、当然のようにも聞こえるかもしれませんが、ビジネスを軌道に乗せるのが難しく、そして、赤字を垂れ流してしまうからです。垂れ流せるだけの資金がある会社はまれです。

赤字が悪いというわけではありません。**「垂れ流し」ていることが問題なのです。**長期的に成功が見えない、にもかかわらず赤字が続いているという状況ですね。

長期的に成功が見えない場合は、ビジョンに立ち返って、そのやり方が本当に正しいのかを確認します。立ち返る場所であるわけですから、ビジョンがどれくらい大事かわかるでしょう。ビジョンがしっかりしていれば、やり方を間違えていることがわかっても軌道修正できます。

アマゾンにも、失敗して形を変えたビジネスがあります。アマゾンは一時期、オークションをやっていましたが、今ではやめています。なぜかというと、オークションを取り扱うことがアマゾンのビジョンではなかったからです。

アマゾンには、「誰もが参加できる大きな売り場を作ろう」というビジョンがあります。

それを実現する1つの方法として、オークションがあります。オークションは誰もが参加できますし、大きな売り場になるポテンシャルがあると言えるでしょう。ですが、オークションが他のサービスの売上向上の阻害要因になると考えられました。オークションはあくまで手段であって、ビジョンではない。であれば、オークションを続けるより、別の形に変えてビジョンを達成するという選択になるわけです。そして出来たのがマーケットプレイス。2018年にはアマゾンのグローバル流通総額に占めるマーケットプレイスの割合は50％以上にもなり、大きなビジネスになりました。

スパークルボックスのビジョンは、「すべての女性が輝けるように」です。そのため、私たちはそのビジョンを実現する**手段として、定額制で、まるで自分へのギフトのように、「気持ちが上がる」ジュエリーを届けています。**身に着けたときに、自分に自信が持てるようなものを定額でお届けすることに取り組んでいます。

「すべての女性が輝けるように」というビジョンは、必ずしもスパークルボックス独自のユニークなものではありません。けれども、その普遍的なビジョンゆえに、ブレないビジョンにはなると思います。そういう考え方でいいのです。

ビジョンは唯一無二のものである必要はありません。例えば、「日本一の品揃え」というビジョンは、そのフレーズだけ見ると平凡なビジョンに聞こえるでしょう。でも、どの会社も目指せるものであり、かつ、実際に到達できれば唯一無二の存在となれます。ビジョン自体が、ユニークである必要はありません。

ビジョン自体に差はなくても、HOW（やり方）が違うから、企業はそれぞれ個性が出てくるのです。

ビジョンの達成のためにHOW（やり方・エグゼキューション）は変わる

スパークルボックスのビジョンが「すべての女性が輝けるように」だとしたら、HOWは、「月々定額でジュエリー・アクセサリーをオンライン上で繰り返しレンタルできるようにする」という点にあります。

ビジョンは持ち続けます。しかし、このHOWは変わり得るかもしれません。定額でのジュエリーレンタルし放題こそが、すなわちスパークルボックスのように思われるかもしれませんが、ある日ある時からまったく違うビジネスモデルに変わっている可能性は十分にあるのです。

HOWに固執してはいけない

これまで本書で述べてきたとおり、新規ビジネスを立ち上げたもののうまくいかない要因として、大きく2つの傾向が見られます。1つは「他社がやっているからやる」「時流に乗っているからやる」と日和見的な気持ちで新規ビジネスを立ち上げた場合、もう1つは「HOWに固執している」という場合です。

「何としてもサブスクリプションに取り組みたい」と考えているのは、まさにHOWに固執している状況です。

「ビジョンやロングタームでのゴールは変わらない。しかし、エグゼキューション（HOW）はフレキシブルに選択しながら進めていきましょう」というのは、私がアマゾンで教わったことの中で最も大切なことの1つです。

「より多くの人に野菜を届けたい、食べてほしい」というビジョンを創業以来変わらず持ち続けている八百屋さんがあるとします。これまで顔を合わせて、コミュニケーションをとりながら売ることを心がけており、オンライン上ではビジネスをしてこなかった。一方で、お客様が減って、売上が減っているがどうすれば良いか……。そうしたジレンマを抱えている企業は多いでしょう。

しかし、HOWは変えていいのだと思います。

私の知っている例ですが、ある企業がいろいろな日本酒を広く楽しんでもらうために日本酒のサブスクリプション事業に取り組みました。そして、お客様を全国各地から広く集めたいから、当然のようにオンライン上でサービスを開始したのです。しかし、集客は失敗しました。

それでも広くやりたいと考え、諦めずに、日本酒を嗜《たしな》む人の年齢層が高いことに着目し、新聞でサービスの広告を打ちました。その戦略が功を奏し、かなりの数の集客に成功しました。

この例からもわかるように、HOWに固執するべきではありません。**広く届けたいからといって、オンラインにこだわる必要はないのです。**お客様の行動特性を見て、お客様に合わせるべきなのです、そうなると、新聞といった答えが自ずと見えてきます。

HOWは途中で変えないと難しい

つまり、IoTで何かやりたいなどと言っている企業が成功しないのは、IoTというHOWに固執しているからと言えます。うちの商品をもっと世の中に便利に使ってもらいたいのでIoTを使うのはどうか、というHOWを考えているのであれば、問題ありません。

ゆえに、カスタマーインサイトが重要なのです。スパークルボックスも立ち上げ当初、お客様は20代が中心だろうなと思っていました。しかし、実際始めてみると、30代・40代の利用者がとても多かったということがありました。

とてもシンプルな話ですが、やってみないとわからないのです。先の日本酒のサブスクリプションの例でも、広告は新聞が良いのか、オンラインが良いのかがわからないので、絶えずテストをして結果を分析するのが大切です。その都度、HOWを変えていかなければ正解にたどりつくのは難しいですよね。

ＨＯＷをどう変えるのかをテストしていち早く見つける――それが「生き延びる」ための最善の策と言えます。

大手企業が、既存とは別のまったく新しいビジネスを立ち上げることがあります。ファッションメーカーが野菜の販売を手掛けたり、家具メーカーがファッションを手掛けたり、といった例です。

ビジョンに対して自分たちで新規ビジネスの整合性がついたとしてスタートしているとしても、こだわるべきはお客様への届け方ですよね。**自社のビジョンのどういう点がお客様に刺さっているかを見誤ると、そのサービスがお客様に届くことはありません。**

思ってもみなかったところにお客様が注目している

私が起業1年目で気づいた大きなメトリックス（指標）は、サイトでの見せ方です。

スパークルボックスを開始した当初、販売ではなくレンタルなので、商品画像がそれほど大事だとは思っていませんでした。

レンタルですから、試せるわけです。そして、当然のちほど返却します。実際に手元に届いて気に入らなくても返却できるわけですから、商品画像で吟味するわけではないだろうと思っていたわけですが、違いました。

182ページで、アマゾンのアパレルでモデルの着画のスタイリングが売れ行きに影響したという話をしました。それと同じことがスパークルボックスでも起こったのです。お客様にとってレンタルと購入の「商品を選択する」ときの画像のプライオリティーは変わらなかったのです。

それに気づいてから、お客様に「全体的に美しいサイト」と感じていただけるよう、撮影の統一ガイドラインを作りました。そして、すべての商品に関して、全体が見える写真、細部がわかる写真など、お客様視点で写真を撮影し直しました。意識したのは**「お客様が、お店で、どんな気持ちで美しくかわいいジュエリーを眺めたいか？」**でした。

どんな商品であっても、オンラインでもオフラインでも、入店したときに求められるのは、同じ経験（棚に綺麗に商品が陳列されて見やすい）なのではないでしょうか。雑然とした店で商品を見て回るのは嫌ですよね。特にジュエリーのような「かわいいもの」、「美しいもの」を、雑然とした店で探そうとする人はあまりいないですよね。

買うにせよ、借りるにせよ、それは同様なのです。

商品がしっかりと見える。かつ、自分が着けたときの想像ができる。そして、全体として雰囲気が良い――この3つは顧客として当然に感じる要素であり、求めることです。軽んじて良いわけがありません。

さらに顧客のニーズを汲み、オケージョンの要素を入れた

お客様がそのジュエリー・アクセサリーを着けたときのイメージができるという点では、まず写真をきれいに、細部もわかるように撮影したわけですが、もうひとつ**「この商品を使うシーンはどこなのか？」**という情報を入れました。いわゆるオケージョ

ン（使用場面）です。

この商品は会社に出勤する際にふさわしいのか、お食事会に着けていくのがいいのか、それとも学校行事に着けていくのがいいのかを示したのです。**その情報はとても多く閲覧され、商品選びの決め手にもなっていました。**

検索するときに絞り込めるようになっているのですが、お客様は「こういうジュエリーがいい」と思って探すのではなく、**どういうときに着けていくかで商品を選ぶ傾向**にあります。前述で、ジュエリー・アクセサリーに興味があるけど、わからない、というお客様が半分、と述べましたが、まさにどこでそれを使うのかがわからない、ということになります。

スパークルボックスでは、スタイリストに商品をセレクトしてもらうサービスを提供しているのですが、お客様のスタイリストへの要望も、ＴＰＯに関することが多く寄せられます。

例えば、「ＰＴＡの会長になったので、ＰＴＡの会長にふさわしいジュエリーを探しています」といった要望や、「学校行事やお宮参りにつけていくものを探してほしい」

といったもの。「普段のお仕事でつけたい」という要望もありますし、「出張時に身に着けたい」という要望、「プライベートで旅行にいくので、それに合ったジュエリーを」などさまざまな声がありました。そのようなリクエストに応え、シーンに合わせてジュエリーを見られるような機能を追加していきました。

アマゾンで教わり、私が大切にした3つの〝成功格言〟とは？

スパークルボックスを立ち上げ、軌道に乗せるまでを振り返ってみると、アマゾンで学んだ数ある成功格言のうち、特に3つのものを大事にしました。この項では、その3つについて解説していきます。

格言1／わかりやすさを大切にせよ（ワンプライス）

今の時代は女性に限らず通信費などが増えて、ファッションにかけるお金がどんどん少なくなっていきます。お金がないので、それほどの点数を買えないわけですが、特に女性もののファッションは、すぐに飽きてしまいます。そのような状況の中で、多くの女性から「いつも同じようなものばかり選んでしまうんです」という悩みが寄せられていました。

その悩みを解決するために、スパークルボックスはどうしたらいいのか？　まず考えられるのは**わかりやすい値段**です。お金があまりかけられないわけですから、サービスを使う上で、前述のバリューを感じられる価格設定はもちろんのこと、どのくらい費用がかかるのだろうというのは最大の関心事の1つです。

このわかりやすいという点では、**ワンプライス、つまり定額に勝るものはありません。**往復送料無料で借りられるようにしました。

かつ、**スタイリストに相談し、選んでくれるという仕組み**も設けました。

そして、「往復送料無料」「スタイリストに相談できる」の2つを含めて定額としたジュエリーのレンタルサービスを開始しました。これにより、お客様の**「ファッションにかけるお金は少なくなっているが、ファッションには気を使いたい。でも、いつも同じようなものを選んでしまう」という課題を解決**したのです。

多くのお客様が課題を解決できているのか。

その解決策が、わかりやすく示されているのか。

この2点は、新規サービスを立ち上げるときに必ず取り入れてほしいことです。

格言2／短期のために長期を犠牲にするな

アマゾン時代の学びを生かしているという点では、この「わかりやすさ」は終始貫いています。

まず、この「ワンプライス」は変えていません。例えば、送料について1回目は無料、2回目からの返却は送料がかかります、というような設定も考えられますし、スタイリストの相談をオプションにすることもできます。

しかし、そうした細かい料金設定を行うとわかりづらくなるため、行いません。お客様にとってのわかりやすさを一番大事にしている、イコールお客様のためが大きな理由の1つです。

ただ、往復送料無料やワンプライスをサービス開始以来変えていないのは「わかりやすさ」という点に加えて、**アマゾンで私が学んだ「短期のために長期を犠牲にしない」という考え方も大きな理由**となっています。

お客様は、加入当初は商品の交換を何度もする人のほうが、利用が長く続く傾向にあります。最初は目新しいから、いろいろな商品を試したくなるのでしょう。しかし、頻繁《ひんぱん》に商品を交換されると、往復送料のコストがかかって赤字になったりします（定額の値段と一般的な送料を考えれば、おわかりになりますよね）。

なので、商品の交換の回数が増えた場合に追加料金をもらうなど設定を行うことも考えられるわけです。

そのため、赤字になるような交換回数に達しようとした場合は送料を負担してもらうようにしようなどとは考えません。短期的な収益を取りにいって、長期的に利用してくれるお客様を逃しては意味がありません。

ここで言う短期は、1～3カ月程度のイメージです。ある一定の回数で赤字になりますが、顧客獲得コストなどを踏まえても、その回数での交換が3カ月続くと、もう大赤字です。しかし、スパークルボックスで一番大事なのは、データです。お客様が交換する回数が多ければ多いほど、データが蓄積してくるのです。**そして、そのデータが蓄積すればするほど、お客様のお好みにあったジュエリーをお送りすることができ、お客様満足度が高まり、さらに継続率が上がるのです。**

また、交換のデータを少し長い期間で見てみると、最終的には交換は月に1・5回ぐらいに落ち着くのです。加えて、そうした頻繁に交換する行動があったとしても、お客様のいわゆるライフタイムバリューでは黒字になるので、単純にその月が赤字になるという点だけを見て送料を課すなどということはしないようにしています。

繰り返しになりますが、こうした決断も**「データをしっかりと取っているから」**こそ可能になります。特に新規ビジネスであれば、わからないことだらけです。ビジネスを進めていくと、さまざまなデータが蓄積されます。

その一方で、データを取っていない会社というのは、実に多いように見受けられます。感覚的に判断しているようでは、正しい判断はできません。

格言3／サービスの根幹を良くすることに注力する

アマゾンに入社すると「とにかく品揃えにフォーカスしろ」と言われます。なぜなら、それがアマゾンのビジョンの1つであり、小売業において最も重要なKPIの1つだからです。

販売ではなくレンタルにおいても**「お客様のニーズに合った商品を集める」ことがいちばん大事**ですから、アマゾンでの学びを生かし、サービス開始当初からそこにフォーカスできたのは良かったと思っています。ベンチャーキャピタルや金融機関などは早急に結果を求めて、表向きのメトリックスを良く見せるために、例えば、ネット上で広告を大量に打って「何十万ダウンロード突破」といった目先の数字を追わざるを得なくなることも少なくありません。たとえダウンロードされても使われなかったら利益にはならないような状況であったとしても、です。

私たちは、**そうした表向きの数字を追わずに、サービスの根幹となる品揃えにフォーカスして、十分なサービスができるまでは大きなプロモーションなどを行わずに粛々とやっていった**わけですが、そのときに「アマゾン時代に味わった感覚にすごく似ているな」と思っていました。

お客様のために、そしてステークホルダーのために考えたこと

スパークルボックスは品揃えを良くするために、取引先（レンタルする商品を提供してくれる会社）を増やしていきました。

定番的に人気がある商品は自社で在庫を買ったり、商品開発したり、深く在庫を持つ。また、より幅広い品揃えに関しては「レンタルに興味がある取引先に委託在庫（メーカーより借りる商品）として商品を提供してもらう」というやり方に重点を置きました。メーカーに協力をあおぎ、在庫を貸してもらい、委託してもらうことを増やしました。少し細かいですが、在庫の持ち方をそうした形で工夫しました。

また、広告費は成長するために必要な最小限に抑えて投入しましたが、途中で広告費をすべて商品購入のためのお金に回しました。なぜなら、品揃えが根幹のサービス

ですから。

スパークルボックスのジュエリーには、自社の在庫と委託された商品の2つがあるわけです。スタートアップで資金もまだ十分ではないので、そうして品揃えを増やしていきました。

なぜ、スタートアップでもそれが可能になったのか。それは**私たちのビジョン、目指している世界をメーカーに同意していただけたから**です。

加えて、次の2点もメーカーには話をしました。

1つは、**今までの顧客数の伸びについてのデータをメーカーに見せて、「今はまだ規模は小さいかもしれないけど、今後このくらいの規模にはなります」**という将来的なスケール。

もう1つは、**「今後、レンタルが大きくなること。販売だけではなく、レンタルも含めてビジネスを大きくしませんか、このビジネスのサポートをしませんか」**という将来的なメリット。

やはり、メーカーさんも現在のマーケットの状況や業界の事を不安視しているので、私たちとメーカーさんの両者のビジョンが合致すれば話がどんどん進んでいくのです。あるメーカーの方の会話で印象的だったのは、「日本は長いデフレの中で値段重視になり、お客様の良いものを目利きする機会がどんどん少なくなり、それによって業界の技術自体が廃れていってしまう」という話でした。

その話を聞いて「スパークルボックスで良質のジュエリーをレンタルして、お客様が良いものに触れて、良いものを求めるようになり、技術の継承が出来るようにしてほしい」という思いを新たにしました。**お客様だけでなく、ステークホルダーのためにも、このビジネスを続けよう**と思っています。

在庫はコスト的に負担になりますが、すべての商品が委託になることが理想とは限りません。

委託になると、資産を持たない状態になるので、BS（バランスシート）が非常に圧縮されます。つまり、経営の観点で言えば、余計な資産を持たないスリムな企業という評価になります。他にも、キャッシュフローも良くなります。

しかし、一方で、利益率が下がります。また、他社の在庫に頼ると、人気の商品が手に入らない状況も発生します。品揃えの在庫率が低下するということですね。

そのため、人気があるものは買い、あとは幅広く揃えるため、まだニーズがわからないものは委託でやっていくのが理想です。

お客様の手元にある率を伸ばした

また、**スピードも重視**しました。それがお客様の継続率を高めるカギを握っていると判断したからです。

それまでは「お客様が発送したジュエリーが私たちの手元に届いてから次のジュエリーを発送する」という方法を採択していました。

そして、その際、フィードバックや感想、そして次回のご要望を書いてそのジュエリーが私たちの倉庫に届いてから、お客様のフィードバックと要望をシステムに入れ、スタイリストが選び、次のジュエリーとスタイリングコメントを発送していました。

スタイリングコメントは、立ち上げ当初から続けていた手書きサービス。お客様の文通のような役割を果たしていて、「温かさを感じる」「エンゲージメントの象徴」という評価もされていました。しかし、これが大きなネックにもなっていたのです。
その結果、**お客様の手元にジュエリーがない期間がどんなに早く発送しても3日はある**という状態に陥っていました。

このような状態を、お客様の立場で想像してみてください。月額の定額制サービスであるにもかかわらず、仮に1カ月に1度お客様がジュエリーを交換した場合、手元にジュエリーが3日間もない**「サービスを受けられない（＝ジュエリーを身につけられない）時間」が生じる**のです。30日のうちの3日間であれば、10分の1にあたる期間でサービスを利用できないことになります。

お客様はたくさん交換できるほうが嬉しいわけですが、2回交換すれば6日間、3回交換すれば9日間……とお客様にとっては交換すればするほどジュエリーが手元にない期間が長くなっていきます。それがお客様の不満となっていました。

「お客様の継続率を高めるために、この大きな問題は解決しなければいけない」ということで、**手書きのフィードバック・感想・要望をオンラインでできるようにし、返**

却申請をすれば、私たちの倉庫の手元に届かなくても商品を発送するようにしたので、お客様の手元には常にジュエリーがあるようになりました。「お客様のお手元にジュエリーがある率」を100パーセントにすることで、お客様の満足度を高めるようにしたのです。これはお客様の満足度を上げる点では大きく、サービス利用の継続率を上げる1つのアクションになりました。

アマゾンの学びにプラスアルファ必要なこと

企業内での新規ビジネスも、起業して新規ビジネスを作る場合でも、そのビジネスに投資をしてもらうのが、関門の1つ。投資を得るには、プランの作り方がキーとなります。例えば「3年で売上を10億円まで伸ばす」というプランの作り方ではなく、「お客様を何人取って、それは、どういうことをやるから可能で、継続率は、大体どれくらいで」と、**アウトプットとインプット両方のKPIをある程度考えながら計画を作ります。ファイナンスのところです。**

資金調達のプレゼンテーションに差が……

まず、大体どれくらいお金がかかるかを見ます。

私たちはベンチャーキャピタルから資金調達を考えていました。そのベンチャーキャピタルの資金調達がアマゾンのときの資金調達、つまり承認を得る方法とは違うのです。

アマゾンのやり方というのは、先ほど述べたようにプレスリリースを書いて……といったような方法で承認を得るのですが、そのベンチャーキャピタルは、パワーポイントを使ったプレゼンテーションなのです。そこは大きく違っていて、正直に言えば、資金調達の実務という点においてはアマゾンのやり方はあまり役には立ちませんでした。

ただ、**顧客のニーズがどこにあるのか、狙っているマーケットが大きいのかどうか**という考え方は、資金調達においても役に立ちました。ポイントをうまく伝えるとか余計なことは言わないとか、そういうことは非常に大事だと思います。

ファッション小物の「Netflix」になる

実際に自分が立てた目標は「女性の悩みを解決する」というものでした。なぜ定額制を選択したのかというと、わかりやすさを追求し、バリューを感じられるサービスにしたかったからです。

また、ジュエリーのマーケットの大きさはこれくらいで、日本で同じことをやっている会社はないけれど、アメリカでは同様のサービスが広まろうとしているので、おそらく5年後には日本でもそういうサービスは起こり得るだろうと、説明していきました。

私たちに最初に投資してくれたのは、「デジタルガレージ」というベンチャーキャピタル業界の老舗でした。

そこで、チームとコンセプトが良いということで出資を受けて、デジタルガレージのアクセラレータープログラムといって、3カ月間起業のやり方をみっちり学びました。デジタルガレージのプログラムはとても良く、アマゾンの顧客志向とビジネスのやり方に加えて、ユーザーインタビューを徹底的に行うということを学びました。

また、プレゼンテーション資料の作り方、および実際のプレゼンテーションのやり方も学びました。

会社設立当時、デジタルの世界では、すでにサブスクリプションが話題になっていました。すでにNetflixが一定の知名度を得ていた頃です。私たちは**「ファッションアクセサリーのNetflixになる」というフレーズがキャピタリストにはわかりやすく刺さるのでは**と思い、プログラムの最後のキャピタリストを集めたプレゼンテーションの最後にこのフレーズを使いました。

また、自信を持って大きな声でわかりやすくプレゼンするために、人のいない公園で大声を出してプレゼンの練習もしました。それを経験した後は、恥ずかしいからやらない、ということもなくなりました。おかげさまで私たちは、その最後のプレゼンで特別賞をいただきました。

高い離職率を下げるためのワン・オン・ワンミーティング

新規ビジネスを手掛けようとするベンチャーなどは、人材の確保にも悩まされることが多いでしょう。離職率が高いと、事業もうまく進みません。

アマゾンでもスパークルボックスでも、いかに適切な人を採用し、離職率を下げるかについて、とても悩みました。その際に役立ったのは、**チームメンバーとの1on1（ワン・オン・ワン）のミーティング**でした。

直属の上司と部下は毎週「ワン・オン・ワン」を行います。その週にどういうことをやるのか、プロジェクトの進捗状況はどうなっているか、といったことを2人きりの対面のミーティングで話し合います。上司からも、会社の新たなプロジェクトのことや、何が会社で起こっているか、などを話し、仕事が円滑に進むようにします。上司は「仕事のことだけではなく、今、どういうことに悩んでいるのか、何かサポートできることがないかということを話すこと」とアマゾンでは勧めていました。

ワン・オン・ワンミーティングは、1人でやっている会社以外だったら、どんなレベルでも活用できると思います。また、上司・部下という関係だけでなく、別の部署のことを深く知りたい、といったときにも使えると思います。

スパークルボックスでも、このワン・オン・ワンミーティングを定期的に行っています。

また、よりコミュニケーションを高める必要があったり、このチームはもう少しサポートが必要だなと思うと、アマゾンでは**「スキップレベル・ワン・オン・ワン」**もよくやりました。

例えば課に所属する社員、課長、部長がいる組織において、普段は課長が社員とミーティングするところをスキップして、部長と社員がワン・オン・ワンでミーティングをする。

課長と社員の間で問題はないかとか話し合ったりするわけです。これは、もちろんダメなところを聞くとか、そういうネガティブなものではなくて、課長をマネージャーとしてどう思うか、仕事上の悩みはないかといった話をします。

のちほど部長は課長に、「あの社員はこういうことを言っていたから、こういうふうにしてあげたほうが、よりパフォーマンスが上がるよ」というような、ポジティブなことのためにやっていました。

スキップレベル・ワン・オン・ワンも、ビジネス立ち上げ当初は難しくても、その後にある程度の階層ができてきたらやるべきだと思います。もちろん毎週である必要はありませんが。

また、**メンター（助言者）をつけ、成長をサポートすること**もアマゾンでは大事にしました。社員一人ひとりのキャリアを聞いて把握した上で、メンター選びは慎重に行いました。スパークルボックスでは、メンターとまではいかないものの、チームの交流、当社でいうと、オペレーション、スタイリスト、撮影という3つのチームがありますが、そこの横の流れはしっかりとできるようにしています。また、当社は勤務形態が人それぞれで、小さな子どものいる社員も多いので、それぞれコミュニケーションググループを作ってオンラインで話したりします。

また、成長してほしい部下には、新しいプロジェクトを担当してもらうということも重要です。その際、部下が成功体験を味わえるプロジェクトであるか（簡単すぎても困難すぎてもいけない）をよく吟味して担当してもらっていました。

チームにはリーダーシップが必要

リーダーシップ論になってしまいますが、どの企業の組織であれ、**「サーバントリーダー」**の存在が重要なポイントとなっています。

サーバントリーダーとは、支援型リーダーのこと。部下にあれこれ命令するのではなく、部下が目標を達成する際に上司がその手助けをするというスタンスです。サーバントリーダーがいることによって社内のコミュニケーションも円滑になり、協力体制が自然とでき上がってくるので、離職率が下がるだけでなく、会社としてのパフォーマンスも高くなります。

アマゾンでサーバントリーダーという考え方や言葉が明確に用いられていたことはありませんが、そのスタンスは全員に浸透していました。ビジョンを示したり、みんなのお手本になるというOLP（36～39ページ参照）もありますが、それ以前に、上司は部下を助けるための存在としているのです。


また、アマゾンで上司と部下のコミュニケーションを円滑にするために行われている取り組みといえば、**「オープンドアポリシー」**でしょう。ディレクターには一人ひとり個室が設けられているのですが、「オープンドア」として設定されている時間帯は、その部屋を誰でも訪れて良いことになっているのです。

オープンドアの時間を設定しても、あまり質問をしたり、意見を言いに来ないのではないかと思われていたのですが、新規ビジネスのアイデアを持ってきたり、情報を求めてやってきたりと、コミュニケーションの場として想定以上に機能しました。

新規ビジネスの成功イメージを目に見える形で想像しておく

漠然と「新規ビジネスを成功させたい」と思うのではなく、数字を決めて、それを達成するためにはどのような方法を取れば良いのかをさまざまな方面から考えることが大切です。

また**「どの〝レバー〟を引いたら売上が上がるのか、またはコストが下がるのか？」をイメージしておくこと**も重要です。例えば、1000円使うと、売上が3000円になり、という方程式を持ち、そして、その方程式を回し続けて、今は小さいけれど、それが大きくなると利益が出るようになる。売上の規模が上がり、利益がいつプラスになるのか、というプランを作るようにします。

投資家は何を見ているか

そのように目安となる数字を用いて考えたプランは、上長や投資家も信頼してくれるはずです。もちろんフェーズにもよりますが、ビジネスの初期の段階ですと、投資をする人はそのプランがそのまま現実になるとは思っていません。ですが前述のとおり、**「独自の方程式を持ち、そこまで緻密に作られたプランを持ってくる会社であれば、しっかりとコスト管理できるだろう」**と見なすのです。

社内でも社外でも資金調達をするのは大変なことですが、ビジネスを大きくするのに、資金は必要。ですので、そこでしっかりと受け入れてもらうためにも、プランは具体的な数字とともに練ったほうが良いのです。

Amazon's innovations- starting with customer

新規事業を軌道に乗せるまでとそれぞれの時期のアクション

既存の会社には自社の強みがありますが、新規で立ち上げたベンチャー企業には実績がないがゆえに強みもありません。**そのような状態で投資すべきなのはチーム＝サービスを作り上げる人材群です。**

エンジニアだけがいてもマーケットを見る人がいなければ機能しませんし、アイデアを形にする人がいてもコスト管理をできる人がいないのであれば成立しません。自分に持っていない技術を持っている人を徹底的に集めることで、ビジネスを行うための基盤が整うのです。それがチームなのです。

スパークルボックスは、まさに自分にないものを補い合えるメンバーでスタートしました。

私は長年、新規ビジネスを立ち上げて大きくしてきましたし、共同創業者の伊藤はマーケティングをやって集客を伸ばした経験のある人物。もう一人はファッション分野でマーチャンダイジングを担当して新しいブランドを開拓していた人物でした。この3人がいれば新規ビジネスが始めやすい状態ができていたのです。

アマゾンの人材投資

新規ビジネスでカギとなるのは、結局のところ人の部分なのです。アマゾンのサミットでも、面白いアイデアがあってもそれを形にする人がいないと実現できませんし、スパークルボックスも創設時のメンバーが1人抜けたことで問題が発生しました。しっかりした組織を作らないと、ビジネスを大きくするのは難しい。そういった意味で、人材が企業価値を決めると言われることもありますが、そのとおりだと思います。

その点で興味深いのは、アマゾンが行っている人づくりです。アマゾンでは投資すべき人に対して、徹底的に投資します。

日本の会社では、社内にスーパースターを作らずに、従業員全員に対し機会を平等に与える傾向にあります。しかし、アマゾンでは会社への貢献度が高い人・リーダーシップの強い人に対してチャンスが与えられる仕組みになっています。

スパークルボックスでの歩みの流れ

スパークルボックスの歩みをさらっていくと、**準備期**にあたるのはデジタルガレージのアクセラレータプログラムに入っていたときです。２０１５年の7月から9月までのことです。その後、9月にローンチして、少しずつお客様が入会し始めました。

9月から翌年1月までは、**がむしゃら期**。お客様がなぜこのスタートしたてのサービスを使ってくださるのか、そしてサービスのどこを磨けばいいのか、ということを分析する時期でした。スタートしたばかりなので、小さかったこともあり、土日祝日の発送はしておらず、発送の締めの時間（カットオフタイム）なども一律で行っておりました。3連休をはさんだある週に、お客様から「遅い」とだけ書かれたメールをいただきました。連休を挟んでいるのに、金曜日も通常通り出荷し、さらに3連休で、お客様のお手元に届くのに時間がかかってしまったのです。そこでフレキシブルなオフタイムを設定するなど、小さな改善を行っていました。そして翌年1月に「がっちりマンデー」というテレビ番組で紹介されて、そこから**拡大期**に突入します。そこでビジネスモデルを評価されたのが大きくて、一気に認知度が上がりました。

問題はそのあとです。その後、お客様は増えるものの、**悩み期**に入ってしまいます。というのも、このときに創設時のメンバーが1人辞めてしまったのです。さらに、新規で採用したエンジニアも、私たちの求めることが多すぎて、その方が提供できるスキルとのギャップがあったり……と組織作りに問題が発生しました。

また、想定していた年齢層が異なったのも方向転換しなければならない要因の1つでした。ローンチした段階では20代のお客様を想定していたのですが、いざ分析を進めてみると30～40代の方が多かったので、品揃えやサイトのトーン&マナーやマーケティング戦略も30～40代向けに変えました。アマゾンのように品揃えにあてられる資金が潤沢にあるわけでもなく、創業1年未満。取引先との交渉は、時間がかかりました。また、海外のブランドを中心に品揃えをしていましたが、お客様から「日本の会社なのだから、日本のブランドを扱ってほしい」といったご要望も多く、日本で人気のパール系のジュエリーも取り扱っていきました。

また、前述の通り、ジュエリーの見せ方にも問題があり、お客様が入っても継続利用に結びつかない状態が続きました。レンタルといえども、品揃えや見せ方が基本ですから、そこがうまくいかないと継続率の伸びにつながらないのです。いわゆる**低迷期**でした。そこで、数字を細かく見ていって、品揃えと見せ方を強化することにしました。すると、お客様の滞在時間が長いほうが継続利用につながりやすいということに気づき、サイトの滞在時間が長くなる方法を考えました。

また、商品をよく変更するお客様も継続利用率が高いことにも気がつきました。前述のようにデータがたまるので、スタイリストさんもお客様の好みを把握しやすくなるので、その人に合ったものを選びやすくなるのです。そのため、お客様に利用を促すだけでなく、ジュエリーをあまり交換しない人に対しては交換を勧めるようにコミュニケーションしたり、また、お好みにあった新しいジュエリーがマイページに表示されるようにしたり、とにかく、品揃えの充実・見せ方・そしてお好みに合ったジュエリーをお届けすることにフォーカスしました。

試行錯誤をしながら低迷期を抜ける

さまざまな試行の中で最も大きかったのは、**「お手元にある率」の改善**でした。

低迷期に試行錯誤を繰り返していたときに、お客様の声を拾っていき、品揃えとお手元にある率が必要ではないかと改善をしていったら、再度ご利用いただくお客様が増え、継続率がどんどん伸びていったのです。

「継続率」が重要なアウトプットKPIというのは、スタート当初から明らかにわかっていることでした。しかし**正しいインプットKPIを見つけるには、トライ&エラーが必要**で、「お手元にある率」にたどり着くには、時間がかかりました。

お客様のニーズに合わせてプログラムの内容を変更した

継続率が上がり、低迷期を脱していき、お客様から、「もっといろいろなものをレンタルしたい」ということになったのです。

先述したように、はじめは2500円のプログラム1つだけだったのです。ファッションアクセサリーで、総額2万5000円から3万円くらいのものをレンタルしていました。いわゆるファッションジュエリーというもので、コーチのジュエリーや、フォリフォリや、シルバーのアクセサリーが人気でした。ご利用になっている方が、私たちのサービスを信頼してくださるようになったり、今では20代から60代と幅広い年齢層の方や職業の方にご利用いただけるようになったということもあり、本物のジュエリー、いわゆるファインジュエリー（貴金属）をレンタルしたいという声も、非常に多くいただくようになりました。

そこで、本物のジュエリーをレンタルできるコースをどんどん増やしていきました。当初は1コースでしたが、現在は4コースにまで増やして、TPOやご自身の予算に合わせてコースを選べるようにしました。コースは増えても、ワンプライスは変わらず。レンタルできるジュエリーの種類が本当に多くなりました。数千円のカジュアルなネックレスやピアスから、100万円近くするフォーマルな場にふさわしいネックレスまで、TPOや予算によって楽しめるようなサービスを展開していったということになります。

そして現在に至ります。継続率というアウトプットKPI、そして品揃え、お手元にジュエリーがある率、ジュエリーの見せ方が重要であることに気づいて、かつその数字が向上していることが、自分のビジネスに確信が持てるようになったポイントです。アマゾンで学んでも、やはり失敗はします(しかも同じ基本のところ！)。しかし、数字を見て、インプットとアウトプットを切り分け、インプットにフォーカスすると、どうにかなるのです。

Amazon's innovations- starting with customer

新規ビジネスは当事者意識が重要 リサーチペーパーに頼らない

アマゾンでさまざまなビジネスの立ち上げを経験して、退社した後に自分で事業を始めているので、アドバイスを求められることも多いです。

相談内容を聞いていると、まず予算管理ができてないという悩みが多いように見受けられます。

そもそもの方向性も示されず新規ビジネスの予算が曖昧《あいまい》で上長から依頼を受けた社員からすると、「丸投げ」されているというふうに受け取っていると思います。

なぜそういった問題が起こるのかを聞くと、上層部が「新しい技術を使った、新規ビジネスのアイデアを出せ」というオーダーの出し方をしているらしいのです。つまり、「丸投げ」ですね。

そのため、その部下は――これは私の想像ですが――まず何から手をつけて良いかわからず、リサーチペーパーなどを買ってしまうのでしょう。コンサルティング会社などが提供しているような、高額のレポートです。

行き当たりばったりでお金が出てしまう構図

しかし、それだけ読んでも、どのようなビジネスを立ち上げれば良いかわかりません。いきなりＡＩやＩｏＴ、ブロックチェーンなどをビジネスに取り入れようとしても、何だかよくわからない。そこで、さらなるリサーチペーパーを購入するために、１０００万円の予算が必要だ……と。

行き当たりばったりでお金が出ていくわけですから、これでは予算管理も何もあったものではありません。そういう状況を聞いて、私は**「あなた自身は新規ビジネスをやることに対して、コミットしているのですか」**といったことを聞くのです。

すると、コミットしていないし、そもそも、その人自身の姿勢が曖昧《あいまい》なのです。「どのようなビジネスを進めていこうとしているのか」と聞くと、「大きいこと」、「新しいこと」と答えます。そして、何が大きいのか、新しいのかもはっきりしないまま……。そして、使える自社のアセットも考えないまま。

そういう会社が、新規事業を作ろうとして、取締役などが課長に丸投げして、そういう問題が起こる。そうすると課長がコンサルティング会社からペーパーを買ってしまうという構図です。何をするのかよくわからない状態で、何かをしなければと、そういう行動を取ってしまう。

私がこの本を書くべきだと思ったきっかけは、それなのです。

新規ビジネスを立ち上げようとする人は、「自分たちが中心でやっていく」と、最初から最後まで当事者意識を持つべきです。また、自社のビジョンが何で、さらには自社のアセットは何なのか、ということを考えるべきです。そうすると、最初からリサーチペーパーを求めるようなことはなくなります。

そのゼロの部分から、アウトソーシングはもちろん必要ですが、**コアのところは「絶対に自分たちがやりきる」という気持ちが必要**です。

もしも1年で新規事業を作るとしたら

「1年で新規事業を作れ」と上司に丸投げされて、この本を手に取った人もいるでしょう。そのような場合であれば、まずは上司に新規ビジネスに対する期待値を聞きます。

丸投げといっても、新規ビジネスを立ち上げる必要性や目標、投資額の目安くらいはあるはずなので、そこを聞き出すのがポイントです。

例えば、手芸用品を扱う会社で新規ビジネスを立ち上げるのであれば、まず、どれくらいの規模感のビジネスにする必要があるのか、そして投資額はどれくらいなのか、など大きなところを確認します。さらに会社のビジョンに合ったビジネスのアイデアや使えるアセットは何かを、その都度、上司やプロジェクトメンバーと相談して決めていきます（もし上司が決めてくれなかったら、自分で決めるしかないのです）。そのあと、どれくらいのビジネスになるか、大まかな売上やコスト、利益を出し、ＰＬ（損益計算書）、ＢＳ（貸借対照表）を上司から聞き出した目安と照らし合わせて作成するのです。

ＢＳやキャッシュフローを作成するのは困難かもしれませんが、規模感が合っているかを見るためのものなのでＰＬは大まかでいいので作ってみましょう。ＰＬは、売上高から費用などを差し引いて、どのくらい利益が出るかを示すもの。構造自体は簡単です。

ですが、それも難しいようであれば、社内のファイナンス部門や経理部門の専門家の手を借りる判断をしても良いです。できれば自分自身で考えたいですが、助けを求めるのも１つの大事なスキルです。スピードやクオリティーのことを考えて他者に依頼しても良いのではないでしょうか。

大企業が参入しないほどの深さとスピードを追求せよ

よほどの会社でなければ、新規ビジネスに巨額を投じることはできません。巨額を投じずに戦うためには、大企業が参入していない市場を狙うこと。どういう市場かというと、深くて、大企業が入りづらいところ。そして、大企業がマスがとれないと嫌うような、いわゆる面倒くさいところです。

「自分は家電のＥＣを立ち上げる」というと、もうすでに大企業がいるし、どうしても勝ち目はありません。

もしくは、よく言われるのは、例えば自分が手芸屋さんだとして、「アマゾンが手芸に参入してきたら太刀打《たちう》ちできないのでは？」と考えることもあるでしょうが、手芸の中でもすごく深いところをビジネスにすると、アマゾンもそこまで作るのに時間がかかるし、マーケットの大きさから考えると参入しない可能性の方が大きいです。むしろ、パートナーとして協業する可能性が高くなります。

手芸は細い針や太い針など針1つとっても実にさまざまな種類があります。この大量の種類の針を全部揃えようとすると、かなり「手間がかかる」ことになります。手間がかかり、それほどマーケットが大きくないところには、大企業には魅力的に見えませんので、参入してくる可能性は高くはありません。もしくは、参入してきても、競合できないような深いところまでをやれば、競合しなくなるのです。大企業にも、もちろんリソースに限りがあるのです。そしてそれを有効活用するのです。ですので、大きなマーケットにフォーカスします。

また、大企業は手間をかけただけの利益が得られるのかをシビアに見ます。

例えば、今スパークルボックスが行っているレンタルには、おそらく現時点でのアマゾンは参入しないと考えています。なぜなら、アマゾンの事業の柱である販売のeコマースが、彼らの認識ではまだまだ目標途上。その時点でレンタルに事業のリソースを割く可能性は限りなくゼロだからです。もしかしたら何年後かに参入してくるかもしれませんが、こちらには今まで積み上げてきたデータがあります。また、実際のオペレーションの知見というのも簡単に得ることはできません。つまり、どこよりもジュエリーで深いビジネスを提供していれば、アマゾンといえどもすぐに追いつけるわけではないのです。

そもそも、ジュエリーのオンラインレンタル市場には、参入してくる企業は多くないと思っています。

まずは、ジュエリーのメーカーやジュエリーの卸《おろし》の参入が考えられますが、そうした企業でも参入はないと考えたのは、ｅコマースへの取り組みが進んでいない企業が多いからです。そこを一足飛びにいきなりオンライン上のレンタルに参入する可能性はないという見方をしています。

そうした環境の中で、オンライン上で積み重ねた実績がある私たちが先行していけば、追いつかれないという見立てがあるということですね。

自動化・仕組み化の作り方

ジュエリーのレンタルビジネスは、先行して手間をかけていっている状態です。手間がかかるために、大手企業が入ってこない一方で、手間がかかるから規模を大きくするのが難しいという問題も出てきます。当社としても、規模を維持していければいいと考えているわけではないので、次にどのように規模を大きくするのか、そういうことを考えながら変えていきます。

徐々に大きくなる、もしくは、成長すると出来てくるのが、データに基づく自動化とステークホルダーの協力です。

例えば、現在はジュエリーの写真をアウトソースすることなく、すべて社内で撮影していますが、時間がかかります。メーカーにお願いしてスパークルボックスのガイドラインで写真を撮影し併せて納品してもらう、といった方法も考えられます。もしくは商品データが写真を撮ったら自動でテキスト情報になる、といったことも考えられます。他にも、これは実際考えていることですが、今はスタイリストがお客様の相談を受けてジュエリーを選んでいますが、将来的にはＡＩのスタイリストがジュエリーを選ぶといった方法も考えています。

自動化や仕組み化は、当然いきなりはできないので、インプット、アウトプットの方程式を見つつ、それが回ったところで、自動化や仕組み化に移るというのを作るべきでしょう。

そのビジネスにおける方程式ができ上がったら、その方程式のインプットの項にたくさん入れていくと、アウトプットが大きくなるわけですが、その過程で仕組み化、もしくは、サプライチェーンを整えるといったことに取り組むと、スケール（拡張）できると思います。

大企業が参入できない・真似できないビジネスモデル

大企業の参入が低いことについて、さらに詳しく話をしておきましょう。

参入する、しないの判断は、先述の**「手間がかかる」**という点が1つめ。費用対効果の基準が厳しく、手間がかかることに投資をしても、投資効果がないと参入してきません。

そして2つめが**「自社が参入済みの市場を破壊し、既存の利益を失う可能性がある」**という点です。例えば、レンタルを行ったら既存の市場で販売ができなくなるのではないかと考えるようであれば、大企業は参入してきません。そういうマーケットに対して新しいコンセプトのビジネスは、参入をためらう傾向があります。

3つめは、**「今はそれほど大きなマーケットでない」**という点。過去に私が在籍した大企業の立場から見ると、ニッチなところにいっても規模がとれないので、参入するメリットがないと思ってしまいます。例えばアマゾンのような大企業であれば、1年間の利益が大きくないと、投資計画は通りづらい状況にあります。最後にそれらのエリアで、先行した深いビジネスが出来て、データがたまり、自動化できれば、強いビジネスになるのです。

つまりは、**小商いと見せかけて本当はすごく儲かるビジネスに成長できるのが一番良い**ということです。それがポイントです。自分たちだけが知っている、この事業の成長性があるのだけど、周りから見ると「あんなことやっても別に儲からないよ」と思われるようであれば理想ですね。

サービスの部分は大手企業も真似しづらい

大手企業が参入したくてもなかなか参入できないのが、サービスの部分で特徴を持ったビジネスです。

ここでいうサービスとは何かというと、Stitch Fixという、スパークルボックスに似たサービスのアパレル版がアメリカにあるのです。私がアマゾンに在籍していた頃から社内で「ああいうサービスは気になるね」と話に出ていました。

しかし、アマゾンの目線で言うと、「スタイリストが選ぶ」という仕組みがビジネスの規模を小さくさせているように見えるし、スタイリストという人に依存するビジネスは、アマゾンらしくない。どのようにやるのがアマゾンらしいか考えるのに時間がかかり、人手をかけると、スピードの面も不安で、それこそ計画もできず投資もつかないという状況でした。

しかしながら、実はプライムサービスでStitch Fixのようなサービスをやろうとしていたこともありました。

それが、プライムワードローブ。クレジットカードを切らないで返品できるようにしようということになったのです。これならアマゾンらしいサービスですよね。手間がかかるとは少し違います。例えば、今では物があふれていて、ある程度出尽くしています。

技術はどんどん進んでいきますが、サービスと組み合わせると、なかなかメーカーは参入しづらいでしょう。

サービスと組み合わせるというのは、**例えばStitch Fixにおける「スタイリストが選んで」＋「商品を試せる」といった形**を指します。他にも、アフターサービスが充実しているメーカーの真似も、なかなかしづらいです。

そういう真似できない何かを築くと、知らない間に、**小さそうに見えるけど大きなビジネス**になるのです。

お客様のデータが取れるビジネスは強い

Stitch Fix以外に、大企業は参入しづらいが、いいビジネスモデルだなと思う例として、今はユニリーバに買収されてしまいましたが、Dollar Shave Clubという会社があります。買収されたというとネガティブに聞こえますが、他社では難しいビジネスをやっていたから、買収せざるを得なかったのだろうと思います。

このDollar Shave Clubという会社は消費財を扱っている会社ですが、消費財は新規参入がとても難しい分野なのです。

日本でいうと、花王やライオンといったところです。電気カミソリという商品は、何で儲けているかというと、カミソリ本体を売った利益ではなく、替え刃で儲けているのです。だから、それを安く売ることはしたくないわけですが、Dollar Shave Clubは、1ドルで替え刃ができるのです。ゆえに、とても人気がありました。

このケースで、買収した企業は何がやりたかったかというと、買収先のデータがほしかったのです。Dollar Shave Clubは、お客様に1ドルで替え刃を売っていると見せかけて、その実、**1ドルもらってモノとデータを交換していた**わけです。

ユニリーバがそのビジネスモデルにびっくりして、それならもう自分たちで、そのデータも合わせて買おうということで買ったのですが、なぜそれが優れているかというと、大手メーカーですら、そんなに急にお客様のデータを集めることができないからです。卸を通して小売店で売っているからです。でも、それを1ドルと引き換えにデータを集めることができてしまったのです。

そういう点では、サービスだけでなく、お客様のデータが取れるビジネスというのは強いということですよね。

大企業が参入しづらいビジネスモデル

他にも、Warby Parkerというアメリカの眼鏡販売の会社も優れたビジネスモデルだと思います。

5本まで好きな眼鏡を送ってもらって、試着できるのです。その中から、1つか、もしくは複数の、自分の気に入った眼鏡を選んで購入することができるのです。

これまでの例の共通点は、ビジネスがお客様にとってわかりやすく、かつデータが取れるという点です。

そして、**お客様にとっての買い方を他と変えている**こと。

眼鏡は誰でも売れるけど、そのやり方を変えることによって、お客様の不便が解決されます。

だから、必ずしも素晴らしいテクノロジーだけでなくても、大手企業を出し抜けるというところに、あらためてビジネスの面白さを感じます。

最後に——新規ビジネスはインプットメトリクスに注力する

これまでのアマゾン時代の経験や、その後独立して会社を設立、運営してきた経験を踏まえて、新規ビジネスを立ち上げ、続けていくことについて、お話をしてきました。あらためて、この本で言いたいことが3つあります。

まず1つめは、**ビジョンに沿った、会社に合った新規ビジネスを作るべき**ということです。そうでなければ、事業を軌道に乗せるのは難しいし、いっそのことM&Aをしたほうが早いかもしれません。

2つめは、**会社として新規ビジネスをやるのであれば、関わる全員がコミットして進めよう**ということ。次の柱を作り上げようとしているわけだから、様子を見ながら状況を見て撤退も考えるようなスタンスはとるべきではありませんし、社内で実績を積んだ精鋭たちを集めて取り組むべきです。

3つめは、**長期的な視点・顧客視点でビジネスを続ける**ということ。

このような言い方は語弊《ごへい》があるかもしれませんが、ビジネスを立ち上げること自体は簡単です。しかし、成功するためには、ビジネスの内容を因子分析して、インプットだけにフォーカスしましょう。まず、インプットメトリクスに注力するのです。

売上と利益、つまりアウトプットメトリクスは、それらをしっかりとやっていれば、後からついてきます。そして、答えはいつもお客様にあるのです。長期的な視点がビジネスを行うのが大切なのです。

新規ビジネスに必要なのは行動力

この本を読んだ読者の方には、まずは手を動かしてほしい。その業界の人に実際に会ってみてほしいです。実際に参入しようとしている分野の店に行ってみるとか、自分の意見ができたら幅広い人に聞いてみるなど、率先して進めてほしいと思います。

最近、とても印象的なことがありました。

ある一人の男性を、4年前にスパークルボックスでエンジニアとして採用するか面接したのです。

中堅企業でエンジニアをされていた方でした。今はチームでやっているけど、ベンチャーでやってみたい・自社開発してみたいという動機を聞いて、少しリスクが高いなと思って、そのときはお断りしました。

その後、一度面接で会っただけなのに、「相談したいことがありまして、お会いできませんか」とメールをもらい、再度お会いしたのです。

すると、「自分はこういうプロダクトを作って、すごく愛着があるから何とかビジネスにしたいのだけど、どうすればいいでしょうか?」と相談されたのです。

その方はエンジニアなので、ビジネスのことはまったくわからなくて困っていて、4年前に1度会っただけなのに質問しに来たのです。

そういう行動力は、新規ビジネスを進める際にとても大切だなと、そのときひしひしと思いました。知り合いの知り合いなどツテをたどっていったら、誰か新たにビジネスを立ち上げた人がいるでしょう。まずは、そういう人に話を聞いてみる、などでいいと思います。

もちろん、会社は丸投げしてくるかもしれないし、厳しいことを言われるかもしれません。でもきっと、誰かが絶対助けてくれます。社内だけでなく、4年前に1回だけ会った人も助けてくれる可能性だってあるのです。

誰もが天才というわけではないし、新規ビジネスの立ち上げのプロというわけでもありません。失敗はつきものだし、リスクを徹底的に最小限にします。

いろいろな人に会って、自分の考えをテストしてみるというのは、とても大事なことだと思います。**企業にいる人は、組織内、周囲の環境だけでなく、外にいるいろいろな人に会ってみてください。**知見を持っている人から意見を聞くのは、大きな第一歩になります。

おわりに

アマゾン ジャパンがベンチャー企業の空気に満ちあふれていた2003年頃。アメリカのシアトル本社からSVP（シニア・ヴァイス・プレジデント）が来日し、私はそのミーティングに参加する機会を得ました。

ミーティングの議題は特に決まっておらず、「何か新しいビジネスを提案できたらいいね」というくらいのノリとのこと。そこで私は、当時の上司でもあったアマゾン ジャパンの社長に、「ヘルス&ビューティー事業の提案書を書いて、SVPにプレゼンしてもいいですか？」と聞き、承諾を得ました。もともと「ヘルス&ビューティー」のカテゴリーには大きな将来性を感じていたのですが、当時のアマゾンは、アメリカでも日本でも、書籍、CD／DVD、ゲーム／おもちゃ、家電など、「消費期限のないもの」、「壊れにくいもの」、「固体」を扱っている状態で、それらと対極にある商品を多数扱うヘルス&ビューティーは想像するだけでも難しいカテゴリーでした。

ヘルス&ビューティーに精通していたわけでもない、しかも入社1年目の私の提案でしたが、SVPは私の提案をしっかりと聞いてくれました。その提案自体は「今すぐやろう」とはなりませんでしたが、やがて**「新しいカテゴリーをどの順番で立ち上げると良いのかプランを考えよう……担当者を決めよう……リカさん、お願いできますか？」**となり、私がアマゾンジャパンの新規ビジネス担当になったのです。**「言い出した人がやる」という考え方の浸透しているアマゾンですが、あのときフットワーク軽く提案したことが転機となり、「新規ビジネス」は私の人生のキーワードとなりました。**今後も、自分のビジネスはもちろんのこと、企業の新規ビジネスのサポートをすることによって、新しい世界を創っていきたいと思っております。

新規ビジネス立ち上げを振り返って思うのは、「最初はパッションだけだった」ということ。スタート時はいつも、必要な知見など何も揃っていません。立ち上げ後も困難が数多くあり、失敗することだってもちろんあります。でも、だからこそ、その体験を通して、ビジネスパーソンとしてだけでなく、一人の人間としても成長していけるのです。この本をきっかけに新たな世界を創造する仲間が一人でも増えたら、著者としてとてもうれしく思います。

太田理加

【参考資料1】
アマゾンの事業領域

アマゾンの事業領域は主に3つに分けられます。1つめは小売（リテール）、2つめはデジタル配信プロバイダー、3つめはクラウドサービスプロバイダーです。クラウドサービスプロバイダーについては、「ＡＷＳ（Amazon Web Services）」という別会社が存在しています。

アマゾンの3つの事業領域

小売（リテール）	本社のあるアメリカ（Amazon.com）をはじめ、イギリス、フランス、ドイツ、ブラジル、メキシコなど世界16カ国で日本の「Amazon.co.jp」と同じように展開。 また、「Amazon.co.jp」上でアマゾン以外の販売者が販売できる「マーケットプレイス」と呼ばれる仕組みや、手数料を支払うだけで、在庫の保管、発注処理、発送業務をアマゾンが代行する「フルフィルメント・バイ・アマゾン」（通称FBA）と呼ばれる仕組みがある。
デジタル配信プロバイダー	電子書籍サービス「Kindleストア」や「Amazonプライム・ビデオ」などのデジタルコンテンツを配信。
クラウドサービスプロバイダー	自社サーバーを他企業に貸し出している。「AWS（Amazon Web Services）」という別会社が存在し、運営している。

【参考資料2】
アマゾンのビジネスモデル

ジェフ・ベゾスがレストランで投資家と食事をし、「アマゾンのビジネスモデルを教えてくれないか？」と問われた際、ひざかけのナプキンに描いた１つの図――これは「Virtuous Cycle（バーチャス・サイクル）」と呼ばれています。中心に「GROWTH(成長)」が位置し、その周りを６つの主要素が取り囲むように描かれており、それぞれの要素を矢印が結んでいます。矢印は双方向ではなく一方通行で、それぞれの要素がどの要素によって拡大化されているかがわかります。まるで、連鎖反応が１つの閉鎖された空間で次々と起こり、反応の結果である「GROWTH(成長)」を継続的に拡大させているようです。

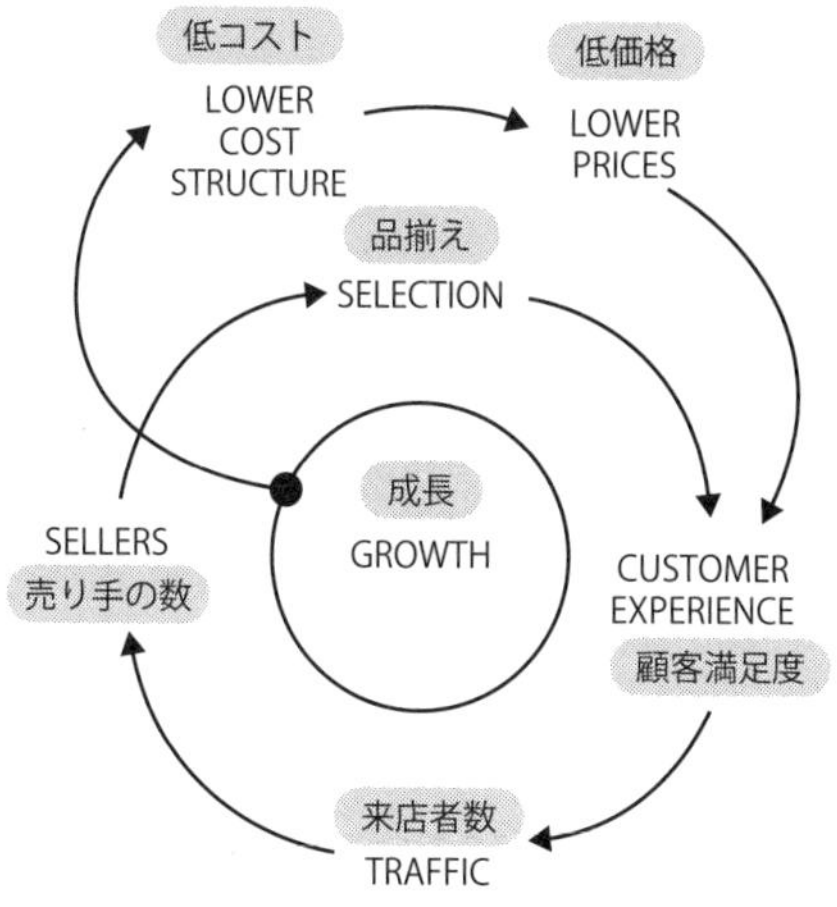

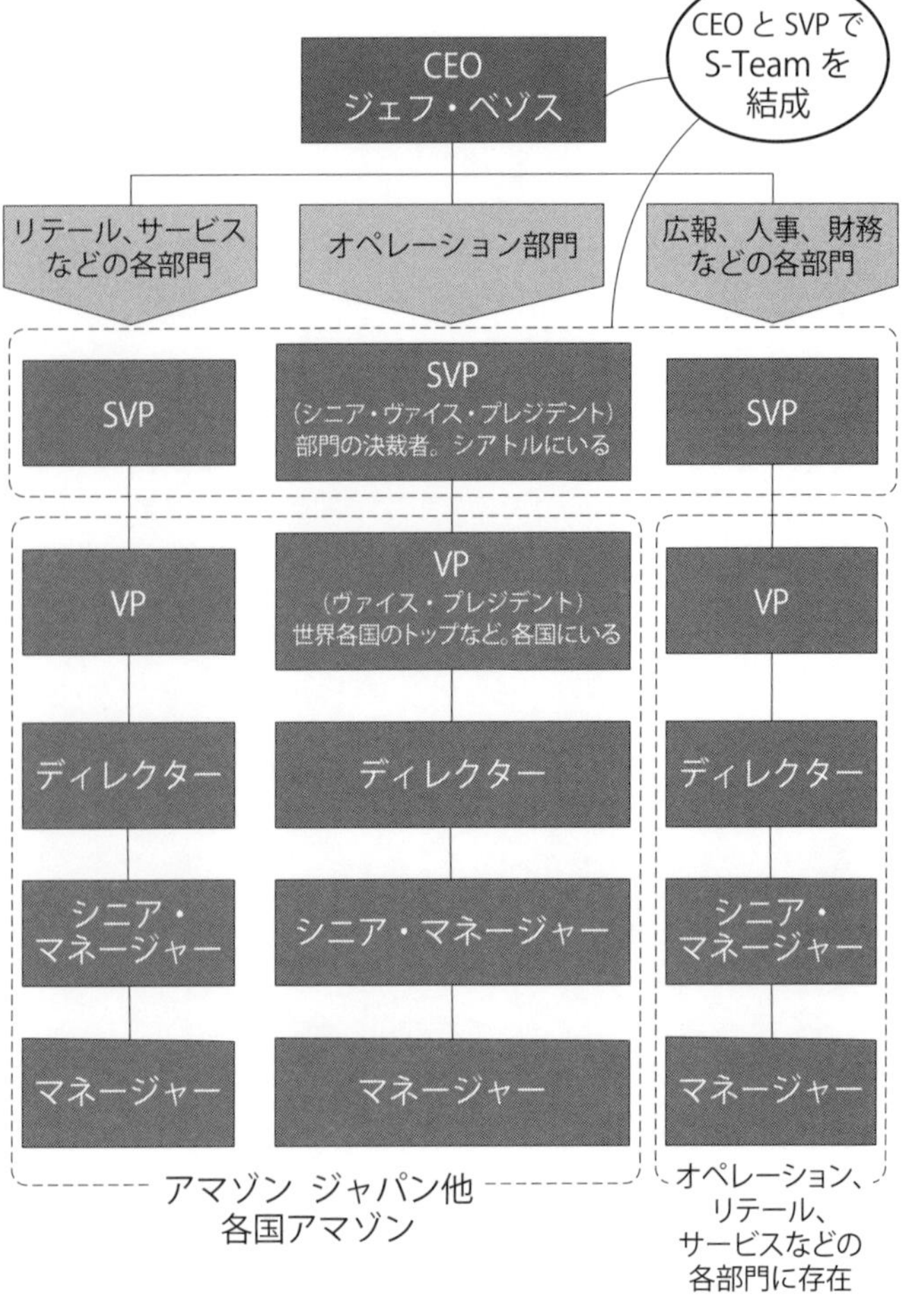
CEO
ジェフ・ベゾス
CEO と SVP で
S-Team を
結成
リテール、サービス
などの各部門
オペレーション部門
広報、人事、財務
などの各部門
SVP
SVP
(シニア・ヴァイス・プレジデント)
部門の決裁者。シアトルにいる
SVP
VP
VP
(ヴァイス・プレジデント)
世界各国のトップなど。各国にいる
VP
ディレクター
ディレクター
ディレクター
シニア・
マネージャー
シニア・マネージャー
シニア・
マネージャー
マネージャー
マネージャー
マネージャー
アマゾン ジャパン他
各国アマゾン
オペレーション、
リテール、
サービスなどの
各部門に存在

【参考資料3】
アマゾンの組織図

世界各国のアマゾンは、アメリカ本社を中心とした部門ごとの縦割り組織編成。シアトルのアメリカ本社が基本的に決裁権限を持っており、日本のリテールサイトである「Amazon.co.jp」のシステム変更のほとんどすべてがアメリカのエンジニアによって行われています。

トップにCEOのジェフ・ベゾス、その下に各部門の決裁者であるSVP（シニア・ヴァイス・プレジデント）がいて、世界各国にVP（ヴァイス・プレジデント＝各組織のトップ）が数十人いるというツリー型で編成されています。その下にディレクター、シニア・マネージャー、マネージャーと続く、かなり階層が少ない組織です。

オペレーションやリテールなど各部門に専任のHR（人事）、ファイナンス（財務）部門があり、他部門の影響を受けずに人やお金の話を人事や財務と詰められます。

アマゾン ジャパンには、ジャスパー・チャン（リテールやサービスの担当）と、ジェフ・ハヤシダ（倉庫、カスタマーサービス、サプライチェーンなどの担当）の２人の社長がいます。彼ら２人の日本の社長も、VPの肩書きです。この２人にもアメリカのシアトルに上司がいます。

「S-Team」はCEOの直轄チームで、OLP（268 ～ 269ページ参照）などを作成しています。

クラウドビジネスの「AWS（Amazon Web Services）」などはアマゾン ジャパンとは別会社となります。

⑧ Think Big　広い視野で考える

狭い視野で考えてしまうと、大きな結果を得ることはできません。リーダーは大胆な方針と方向性をつくり、示すことによって成果を導きます。リーダーはお客様に貢献するために従来と異なる新しい視点をもち、あらゆる可能性を模索します。

⑨ Bias for Action　とにかく行動する

ビジネスではスピードが重要です。多くの意思決定や行動はやり直すことができるため、大がかりな分析や検討を必要としません。計算されたリスクをとることも大切です。

⑩ Frugality　質素倹約

私たちはより少ないリソースでより多くのことを実現します。倹約の精神は創意工夫、自立心、発明を育む源になります。スタッフの人数、予算、固定費は多ければよいというものではありません。

⑪ Earn Trust　人々から信頼を得る

リーダーは、注意深く耳を傾け、率直に話し、人に対し敬意をもって接します。たとえ気まずい思いをする事があっても間違いは素直に認め、自分やチームの間違いを正しいと言ったりしません。リーダーは常に自分たちを最高水準と比較、評価します。

⑫ Dive Deep　より深く考える

リーダーは常に各業務に気を配り、詳細も認識します。頻繁に現状を確認し、メトリクスと個別の事例が合致していない時には疑問を呈します。リーダーが関わるに値しない業務はありません。

⑬ Have Backbone; Disagree and Commit　意見を持ち、議論を交わし、納得したら力を注ぐ

リーダーは、賛成できない場合には、敬意をもって異議を唱えなければなりません。たとえそうすることが面倒で労力を要することであっても例外ではありません。リーダーは、信念をもち、容易にあきらめません。安易に妥協して馴れ合うことはしません。しかし、いざ決定がなされたら、全面的にコミットして取り組みます。

⑭ Deliver Results　結果を出す

リーダーは、ビジネス上の重要なインプットにフォーカスし、適正な品質で迅速にそれを実行します。たとえ困難なことがあっても、立ち向かい、決して妥協しません。

【参考資料4】
OLP(Our Leadership Principles)=リーダーシップ理念

OLPはすべてのアマゾン社員に求められる行動規範です。14カ条からなっています(アマゾンweb siteから引用)。

① Customer Obsession　顧客へのこだわり

リーダーはカスタマーを起点に考え行動します。カスタマーから信頼を獲得し、維持していくために全力を尽くします。リーダーは競合に注意を払いますが、何よりもカスタマーを中心に考えることにこだわります。

② Ownership　オーナーシップ

リーダーにはオーナーシップが必要です。リーダーは長期的な視野で考え、短期的な結果のために、長期的な価値を犠牲にしません。リーダーは自分のチームだけでなく、会社全体のために行動します。リーダーは「それは私の仕事ではありません」とは決して口にしません。

③ Invent and Simplify　創造と単純化

リーダーはチームにイノベーション(革新)とインベンション(創造)を求め、常にシンプルな方法を模索します。リーダーは状況の変化に注意を払い、あらゆるところから新しいアイディアを探しだします。それは、自分たちが生み出したものだけには限りません。私たちは新しいアイディアを実行する上で、長期間にわたり外部に誤解されうることも受け入れます。

④ Are Right, A Lot　多くの場合正しい

リーダーは多くの場合、正しい判断を行います。強い判断力を持ち、経験に裏打ちされた直感を備えています。 リーダーは多様な考え方を追求し、自らの考えを反証することもいといません。

⑤ Learn and Be Curious　学び、そして興味を持つ

リーダーは常に学び、自分自身を向上させ続けます。新たな可能性に好奇心を持ち実際に探求します。

⑥ Hire and Develop The Best　ベストな人材を確保し育てる

リーダーは全ての採用や昇進においてパフォーマンスの基準を引き上げます。優れた才能を持つ人材を見極め、組織全体のために進んで人材を活用します。リーダーは他のリーダーを育成し、コーチングに真剣に取り組みます。私たちは全てのメンバーのために新しい成長メカニズムを創り出します。

⑦ Insist on the Highest Standards　常に高い目標を掲げる

リーダーは常に高い水準を追求します。リーダーは継続的に求める水準を引き上げていき、チームがより品質の高い商品やサービス、プロセスを実現できるように推進します。リーダーは不良を下流に流さず、問題を確実に解決し、再び同じ問題が起きないように改善策を講じます。

2010（続き）	「Amazonマーケットプレイスwebサービス」の提供を開始 新物流センター「アマゾン川越FC」が埼玉県川越市に開業 「お届け日時指定便」の提供を開始 「著者ページ」の提供を開始 「Amazon定期おトク便」を開始 「ペット用品」ストアをオープン 「無料配送」サービス開始 新物流センター「アマゾン大東FC」が大阪府大東市に開業 DRMフリーの音楽配信サービス「Amazon MP3ダウンロード」を開始 「Nippon」ストアをオープン
2011	「PCソフト ダウンロードストア」開業 新物流センター「アマゾン狭山FC」「アマゾン川島FC」を開業
2012	宮城県仙台市にカスタマーサービスセンター開業 本社が目黒区下目黒に移転 新物流センター「アマゾン鳥栖FC」（佐賀県鳥栖市）が本格稼働 電子書籍サービス「Kindleストア」オープン 「Amazon Cloud Player」提供開始 新物流センター「アマゾン多治見FC」が岐阜県多治見市に開業
2013	新物流センター「アマゾン小田原FC」（神奈川県小田原市）が開業 大阪支社が大阪府大阪市北区中之島に開業 Kindleオーナー ライブラリー開始 映像配信サービス「Amazonインスタント・ビデオ」ストアをオープン
2014	法人販売事業者向け融資サービス「Amazon レンディング」を開始 Amazon.co.jpが「Amazon FB Japan」を設立し、酒の取り扱いを開始 ファッション通販「Javari.jp」終了 Amazon.co.jp商品のローソン店頭注文、取り寄せサービスを開始
2015	Windows向け電子書籍閲覧ソフト「Kindle for PC」アプリを提供開始 Mac向け電子書籍閲覧ソフト「Kindle for Mac」アプリを提供開始 アカウント・決済機能連携サービス「Amazonログイン＆ペイメント」開始 「Amazon 本買取サービス」を開始 「プライム・ビデオ」提供開始 新物流センター「アマゾン大田FC」（東京都大田区）が開業 注文から1時間以内または2時間以内で配達する「Prime Now」開始
2016	通常配送料無料サービスを終了 アマゾン ジャパンとアマゾン ジャパン・ロジスティクスが合併し、株式会社から合同会社に移行 電子書籍の定額読み放題サービス「Kindle Unlimited」開始 新物流センター「アマゾン川崎FC」（神奈川県川崎市）が開業 新物流センター「アマゾン西宮FC」（兵庫県西宮市）が開業 「Amazon Dash Button」サービス開始
2017	新物流センター「アマゾン藤井寺FC」（大阪府藤井寺市）が開業 スタートアップを支援する「Amazon Launchpad」を日本で提供開始 Amazonプライム会員向けサービス「Prime Now」ドラッグストアおよび百貨店のヘルスビューティや総菜、和洋菓子など、約1万1000点の取り扱いを開始 「Amazonフレッシュ」、東京の一部地域でサービス開始 「Amazon Echo」日本で発売
2018	Amazonプライム会員向けの新しいサービス「プライム・ワードローブ」を開始 法人・個人事業主向け購買専用サイト「Amazonビジネス」で有料会員サービス「Business プライム」の提供を開始 新たな物流拠点「アマゾン茨木FC」を開業 品川シーサイドにAmazon Fashionでは世界最大規模の撮影スタジオをオープン
2019	新たな物流拠点「アマゾン京田辺FC（フルフィルメントセンター）」を開業 新たな物流拠点「アマゾン川口FC（フルフィルメントセンター）」を開業 Amazon Cash、全国15,000以上の対象店舗で利用開始 新しい商品の受け取りサービスAmazon Hubを日本に導入 偽造品撲滅プロジェクト「Project Zero」を日本で提供開始 「Paidy翌月払い」が利用可能に
2020	玄関への「置き配」を30都道府県で標準に

【参考資料5】
Amazon.co.jpの年表

2000	千葉県市川市に物流センターを設置 日本版サイト「Amazon.co.jp」としてオープン
2001	北海道札幌市にカスタマーサービスセンター開業 ジャスパー・チャンがアマゾン ジャパン代表取締役社長に就任 「Amazonアソシエイト・プログラム」開始 「音楽」「DVD」「ビデオ」のストアを同時オープン 「ソフトウェア」と「TVゲーム」のストアをオープン 代金引換による支払いをスタート
2002	「Amazonマーケットプレイス」導入
2003	「エレクトロニクス」ストアをオープン 「Amazon webサービス」を開始 「ホーム＆キッチン」ストアをオープン
2004	ブックストア内に「雑誌」コーナーオープン 「おもちゃ＆ホビー」ストアをオープン
2005	ブックストアにて「なか見！検索」を開始 新物流センター「アマゾン市川FC（フルフィルメントセンター）」が千葉県市川市に開業 「スポーツ」ストアをオープン
2006	コンビニ・ATM・ネットバンキング払いを開始 「Amazon e託販売サービス」開始 「ヘルス＆ビューティー」ストアをオープン Amazonショッピングカードをコンビニエンスストアにて販売開始 「お急ぎ便」の提供を開始
2007	「Amazonポイント」サービスを開始 「時計」ストアをオープン 「スポーツ」ストアの店名を「スポーツ＆アウトドア」に変更 「マーチャント@amazon.co.jp」開始 「ベビー＆マタニティ」ストアをオープン 「Amazonプライム」を開始 新物流センター「アマゾン八千代FC」が千葉県八千代市に開業 「アパレル＆シューズ」ストアをオープン
2008	「フルフィルメント by Amazon」開始 「コスメ」ストアをオープン 「コンビニ受取」サービスを開始 「食料＆飲料」ストアをオープン 靴とバッグを扱うサイト「Javari.jp」をオープン
2009	「ジュエリー」ストアをオープン 「文房具・オフィス用品」ストアをオープン Amazonギフト券をコンビニエンスストアにて販売開始 「Javari.jp」から「キッズ＆ベビーカテゴリー」がオープン 「Javari.jp」から「デザイナーストア」がオープン 「DIY・工具」ストアをオープン 新物流センター「アマゾン堺FC」が大阪府堺市に開業 「当日お急ぎ便」の提供を開始 「カー＆バイク用品」ストアをオープン 「Amazonフラストレーション・フリー・パッケージ（FFP）」の導入を開始 「Amazonベーシック」製品の提供を開始 「FBAマルチチャネルサービス」開始
2010	「楽器」ストアをオープン 「Amazon Vine（ヴァイン） 先取りプログラム」開始

〈著者紹介〉
太田理加（Rika Ota）
大学卒業後、大手石油会社・国際物流会社でマーケティングを担当。英国留学から帰国後、2002年にアマゾン ジャパンにビデオゲーム・ソフトウェアのプロダクトマネージャーとして入社。その後、新規ビジネス立案・立ち上げを担当し、ヘルス＆ビューティーやファッションカテゴリーの事業責任者を歴任。数々のビジネスを立ち上げ、育てていくことで、アマゾンが「書店」から「総合ストア」に成長していくことに貢献。2015年、新しいeコマースの形に挑戦するため、日本初の定額制ジュエリーレンタルサービス「スパークルボックス」を立ち上げる。すべての女性の毎日が楽しくなるようにサービスを提供。2020年、新規ビジネス専門のコンサルティング会社「aLLHANz」を設立。

アマゾンで私が学んだ
新しいビジネスの作り方

2020年７月24日　第１刷発行

著　者　　太田理加
発行人　　蓮見清一
発行所　　株式会社宝島社
〒102-8388　東京都千代田区一番町25番地
電話：営業　03-3234-4621
編集　03-3239-0926
https://tkj.jp

印刷・製本　中央精版印刷株式会社

ISBN 978-4-299-00632-5